L'arte e il Mestiere del Fotoreporter

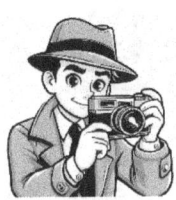

Copyright © 2023 Johnny Fasano

Tutti i diritti riservati.
Codice ISBN: 9798325874291
The Art and Craft of Photojournalism

Translation of **Robert Gray**

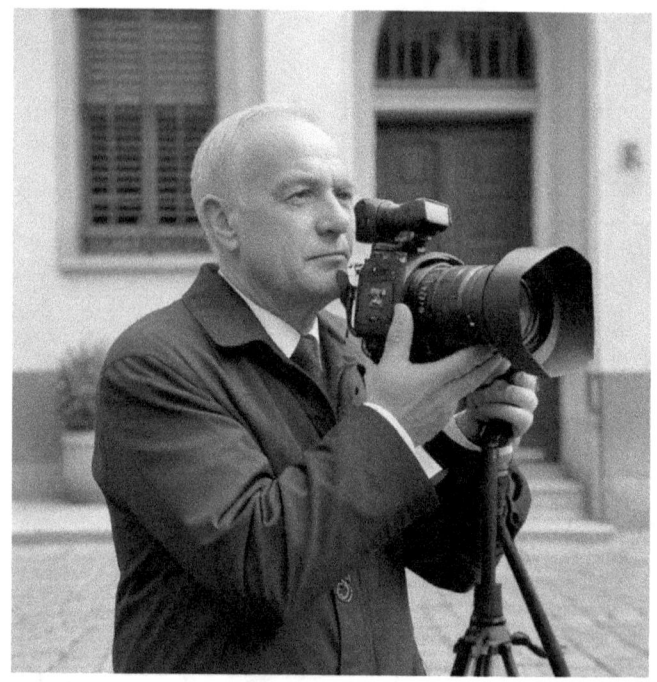

"Nell'obiettivo di un fotoreporter, ogni immagine racconta una storia, rivelando verità che le parole da sole non possono esprimere."

Guida Pratica

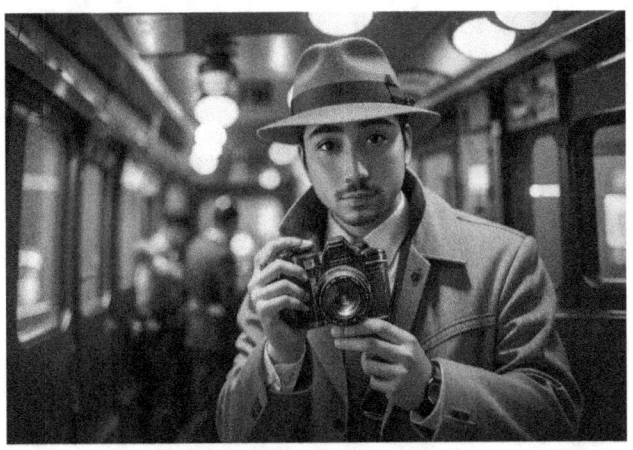

L'arte e il Mestiere del Fotoreporter

Attraverso l'Obiettivo: il Viaggio di un Fotoreporter

Johnny Fasano

L'arte e il Mestiere del Fotoreporter

DEDICA

Ciao Piero,
Questo libro è dedicato a te, caro amico, in segno di gratitudine per la tua amicizia, la tua saggezza e la tua incrollabile fiducia in me. Possano le sue pagine servire a ricordare la bellezza delle nostre avventure condivise,   J.F.

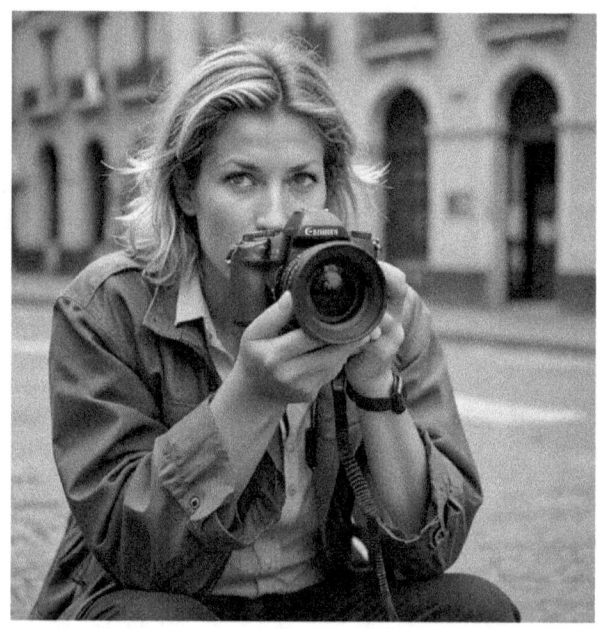

"I migliori fotoreporter non catturano solo momenti; catturano emozioni, essenza e verità."

CONTENUTI

Quali sono i Ruoli del Fotogiornalismo. 11
Capitolo 1 15
    Introduzione al fotogiornalismo 15
Capitolo 2 23
    Competenze fotografiche essenziali 23
Capitolo 3 36
    Narrazione Visiva 36
Capitolo 4 47
    Modifica e post-elaborazione delle foto 47
Capitolo 5 59
    Nozioni di base sulla redazione 59
Capitolo 6 71
    Considerazioni legali ed etiche 71
Capitolo 7 84
    Documentari e lungometraggi 84
Capitolo 8 103
    Riprese in ambienti difficili 103
Capitolo 9 117
    Generi di fotogiornalismo 117
Capitolo 10 131
    Multimedia e narrazione digitale 131
Capitolo 11 145
    Sviluppo del portafoglio e costruzione della carriera 145
Capitolo 12 159
    Il futuro del fotogiornalismo 159

L'arte e il Mestiere del Fotoreporter

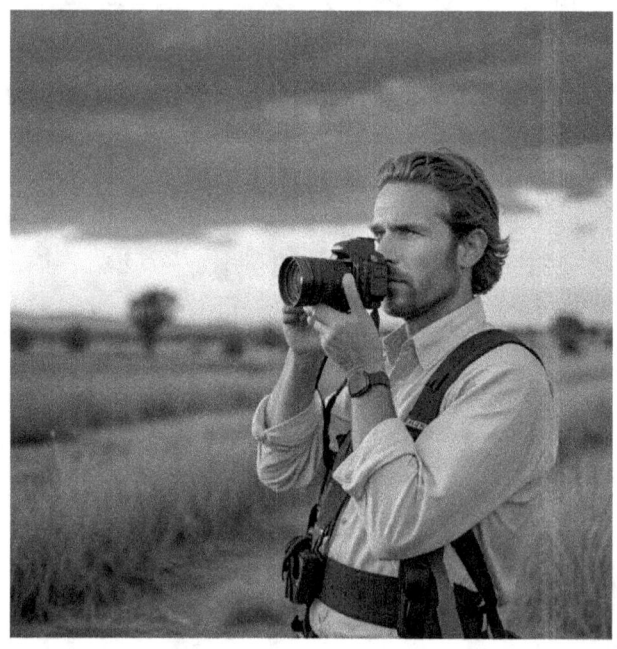

"Dietro ogni immagine iconica, c'è un fotoreporter che ha rischiato tutto per essere lì."

RINGRAZIAMENTI

Cari lettori,
Grazie per aver intrapreso con me questo viaggio nel mondo del fotogiornalismo. Il tuo tempo, la tua attenzione e il tuo impegno con questo libro significano moltissimo per me. Attraverso le pagine di *"L'arte e il Mestiere del Fotoreporter"*, abbiamo esplorato l'arte, l'etica, le sfide e i trionfi nel catturare le storie che modellano il nostro mondo.

Il tuo interesse per l'arte del fotogiornalismo non solo onora il lavoro di innumerevoli fotografi che sfidano le prime linee della storia, ma rafforza anche l'importanza della narrazione visiva nella nostra società. Il vostro sostegno e il vostro entusiasmo per questo libro ispirano me e molti altri a continuare a documentare i momenti che definiscono i nostri tempi.

Spero che *"L'arte e il Mestiere del Fotoreporter"*, ti abbia fornito approfondimenti, ispirazione e un apprezzamento più profondo per il potente impatto della fotografia. Possano le storie e le tecniche condivise in queste pagine alimentare i tuoi sforzi creativi e la tua passione per raccontare le storie che contano.

Grazie per aver preso parte a questo viaggio.   J. F.

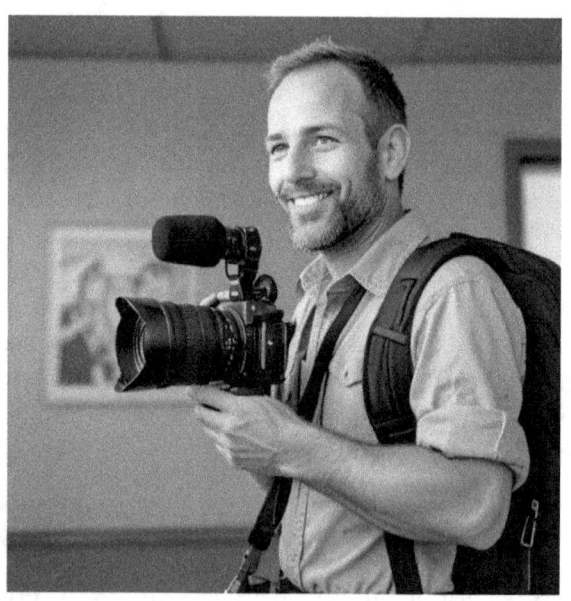

"Il segno di un grande fotoreporter non sta nelle immagini che cattura ma nell'impatto che quelle immagini hanno sui cuori e sulle menti degli altri."

Quali sono i Ruoli del Fotogiornalismo.

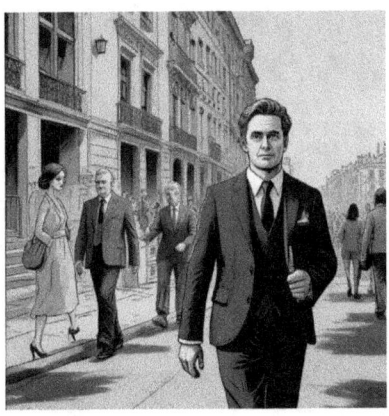

Un fotoreporter è un narratore visivo che cattura e trasmette notizie ed eventi attraverso le fotografie. Il loro lavoro è parte integrante del giornalismo, poiché fornisce una registrazione visiva degli eventi, offrendo un potente complemento alle notizie scritte. Ecco uno sguardo approfondito a ciò che fa un fotoreporter:

Ruoli e responsabilità:

Catturare momenti degni di nota:

I fotoreporter partecipano a vari eventi, tra cui notizie dell'ultima ora, manifestazioni politiche, eventi sportivi, festival culturali e altro ancora, per catturare immagini che descrivono l'essenza di questi eventi.

Devono essere pronti a rispondere rapidamente a eventi inaspettati e catturare momenti decisivi che racchiudano la storia.

Raccontare una storia attraverso le immagini:

Oltre a catturare immagini casuali, i fotoreporter mirano a raccontare una storia coerente e avvincente attraverso una serie di fotografie.

Si concentrano su elementi quali composizione, emozione, contesto e azione per garantire che ogni immagine contribuisca alla narrazione complessiva.

Condurre la ricerca:

Prima di iniziare a raccontare una storia, i fotoreporter spesso conducono ricerche di fondo per comprendere il contesto e il significato dell'evento o del problema che stanno documentando.

Questo li aiuta ad anticipare i momenti critici e gli argomenti chiave su cui concentrarsi.

Collaborare con giornalisti ed editori:

I fotoreporter lavorano spesso a fianco dei giornalisti, collaborando per garantire che gli elementi visivi e testuali di una storia si completino a vicenda.

Lavorano anche con editori che aiutano a selezionare e perfezionare le migliori immagini per la pubblicazione.

Modifica ed elaborazione delle immagini:

Dopo aver catturato le immagini, i fotoreporter modificano ed elaborano le loro fotografie utilizzando software come Adobe Photoshop o Lightroom.

Ciò comporta la regolazione di elementi come illuminazione, contrasto e colore per migliorare l'immagine mantenendone l'integrità e la veridicità.

Aderenza agli standard etici:

Le considerazioni etiche sono fondamentali nel fotogiornalismo. I fotoreporter devono garantire che il loro lavoro rappresenti accuratamente gli eventi che documentano senza manipolazione o messa in scena.

Devono inoltre rispettare la privacy e la dignità dei loro sudditi, soprattutto in situazioni delicate.

Pubblicazione e diffusione:

I fotoreporter inviano il loro lavoro a giornali, riviste, siti Web e altri media per la pubblicazione.

Possono anche condividere il proprio lavoro attraverso i social media e i siti Web personali per raggiungere un pubblico più ampio.

Viaggiare:

Molti fotoreporter viaggiano molto, spesso in luoghi remoti o pericolosi, per coprire storie di importanza globale.

Devono essere adattabili e preparati per le sfide fisiche e logistiche del lavoro in ambienti diversi.

Competenze e qualità:

Competenza tecnica:

Padronanza dell'attrezzatura fotografica e delle tecniche fotografiche, inclusa la conoscenza dell'esposizione, dell'illuminazione, della composizione e della post-elaborazione.

Creatività e visione artistica:

Capacità di vedere e catturare immagini uniche e potenti che raccontano una storia ed evocano emozioni.

Forte senso delle notizie:

Comprensione di ciò che costituisce un evento degno di nota e capacità di identificare e catturare momenti significativi.

Riflessi rapidi e adattabilità:

Capacità di reagire rapidamente alle mutevoli situazioni e di catturare momenti fugaci.

Abilità comunicative:

Comunicazione efficace con giornalisti, redattori e soggetti per garantire una narrazione coerente e una pratica etica.

Resilienza e determinazione:

Disponibilità a lavorare in condizioni difficili e spesso rischiose per realizzare la storia.

Impatto e importanza:

I fotoreporter svolgono un ruolo fondamentale nel documentare la storia, sensibilizzare su questioni importanti e fornire una narrazione visiva che migliora la comprensione e il coinvolgimento del pubblico. Il loro lavoro può ispirare il cambiamento, evocare empatia e avvicinare eventi lontani a casa. Che si tratti di catturare l'intensità di un conflitto, le conseguenze di un disastro naturale o la gioia di una celebrazione culturale, i fotoreporter contribuiscono a modellare il modo in cui vediamo e comprendiamo il mondo.

*****

Capitolo 1

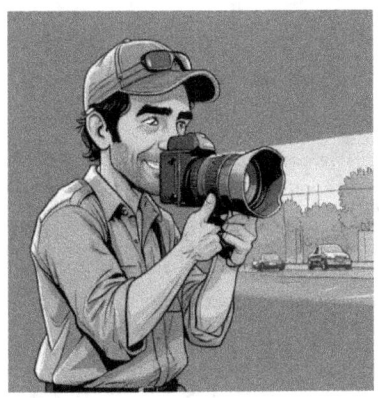

INTRODUZIONE AL FOTOGIORNALISMO

Il fotogiornalismo è una forma di giornalismo che comunica notizie e storie principalmente attraverso elementi visivi, in particolare fotografie. Implica l'acquisizione, la modifica e la presentazione di immagini che descrivono eventi, problemi ed esperienze umane attuali con integrità giornalistica e conside-razione etica.

L'importanza del fotogiornalismo risiede nella sua capacità di fornire al pubblico una connessione viscerale e immediata con gli eventi e le storie raccontate. Ecco alcuni aspetti chiave del suo significato:

1. **Impatto visivo** : le fotografie hanno un forte impatto sugli spettatori, spesso evocando emozioni, empatia e

comprensione in modi che le parole da sole non possono fare. Hanno la capacità di trasmettere narrazioni complesse in modo succinto e memorabile.

2. **Documentazione della storia** : il fotogiornalismo funge da documentazione storica, catturando momenti, movimenti ed eventi significativi nel loro svolgersi. Queste immagini preservano aspetti importanti della cultura, della società e della politica per le generazioni future.

3. **Informare ed educare** : attraverso immagini accattivanti, il fotogiornalismo informa il pubblico sugli eventi attuali, sulle questioni sociali e sugli affari globali. Fa luce su storie che altrimenti potrebbero passare inosservate o trascurate, sensibilizzando e stimolando conversazioni.

4. **Patrocinio e cambiamento sociale** : i fotoreporter spesso si concentrano sulla documentazione delle ingiustizie sociali, delle violazioni dei diritti umani e delle crisi ambientali, sostenendo il cambiamento e dando voce alle comunità emarginate. Le loro immagini possono ispirare l'azione e guidare un cambiamento sociale positivo.

5. **Credibilità e fiducia** : un fotogiornalismo ben eseguito migliora la credibilità e l'affidabilità delle testate giornalistiche. Fornendo prove visive degli eventi di cronaca, i fotoreporter contribuiscono all'autenticità e alla trasparenza della copertura giornalistica.

6. **Comprensione culturale** : il fotogiornalismo trascende le barriere linguistiche e culturali, offrendo un mezzo di comunicazione universale. Consente a persone provenienti da contesti diversi di connettersi e comprendere storie da tutto il mondo.

Nel complesso, il fotogiornalismo svolge un ruolo vitale nel panorama dei media, fungendo da finestra sul mondo e catalizzatore di empatia, comprensione e coscienza sociale.

Panoramica storica del fotogiornalismo

La panoramica storica del fotogiornalismo abbraccia diversi secoli, segnati da progressi significativi nella tecnologia, cambiamenti nelle norme sociali e dall'evoluzione del giornalismo come professione. Ecco una breve panoramica storica:

XIX secolo: l'emergere della fotografia

All'inizio del XIX secolo, l'invenzione della fotografia rivoluzionò la comunicazione visiva. Tecniche come dagherrotipi e calotipi hanno consentito la creazione di immagini permanenti.

I primi fotografi come Mathew Brady e Roger Fenton documentarono rispettivamente la guerra civile americana e la guerra di Crimea, fornendo alcuni dei primi esempi di fotogiornalismo.

Inizio del XX secolo: ascesa di giornali e riviste

Con la crescita dei mass media, giornali e riviste iniziarono a incorporare fotografie per illustrare le notizie.

Negli anni '20 e '30, pionieri come Lewis Hine e Jacob Riis usarono la fotografia per denunciare questioni sociali come il lavoro minorile e la povertà urbana, gettando le basi per il fotogiornalismo documentaristico.

Anni '30 -'40: l'età d'oro del fotogiornalismo

Gli anni '30 e '40 videro l'ascesa di influenti riviste di fotogiornalismo come Life, che mettevano in mostra il lavoro di fotografi come Margaret Bourke-White, Robert Capa e Dorothea Lange.

I saggi fotografici sono diventati un formato popolare per la narrazione, consentendo ai fotografi di fornire una copertura approfondita di vari argomenti ed eventi.

Anni '50 -'60: l'era Magnum e il movimento per i diritti civili

La fondazione di Magnum Photos nel 1947 da parte di rinomati fotografi tra cui Henri Cartier-Bresson e Robert Capa segnò un momento significativo nella storia del fotogiorna-lismo.

Durante il movimento per i diritti civili negli Stati Uniti, fotografi come Gordon Parks e Danny Lyon hanno documentato proteste, marce e vita quotidiana, utilizzando le loro immagini per sfidare la disuguaglianza razziale.

Anni '70 -'80: fotografia di guerra e copertura globale

La guerra del Vietnam divenne un punto focale per i fotoreporter, con immagini iconiche come la fotografia "Napalm Girl" di Nick Ut e "Saigon Execution" di Eddie Adams che catturavano gli orrori del conflitto.

Gli anni '80 videro una maggiore globalizzazione del fotogiornalismo, con fotografi che coprivano eventi e questioni in tutto il mondo, dalla carestia in Africa agli sconvolgimenti politici nell'Europa orientale.

Anni '90-presente: rivoluzione digitale e cambiamento del panorama

L'avvento della fotografia digitale e di Internet ha rivoluzionato il fotogiornalismo, consentendo la trasmissione istantanea delle immagini e una maggiore accessibilità al pubblico globale.

L'ascesa del giornalismo partecipativo e delle piattaforme di social media ha rimodellato il panorama dei media, sfidando le nozioni tradizionali di cronaca e di etica fotogiornalistica.

Nel corso della sua storia, il fotogiornalismo si è evoluto come un potente mezzo per raccontare storie, fornendo informazioni sulla condizione umana, plasmando l'opinione pubblica e responsabilizzando chi detiene il potere. Nonostante i progressi tecnologici e il cambiamento del panorama mediatico, i principi fondamentali del fotogiornalismo – veridicità, obiettività e integrità – rimangono essenziali per la sua pratica.

Alcuni dei fotoreporter più famosi di tutti i tempi includono:
- Roger Fenton (1819-1869): Fotografò la guerra di Crimea.
- Mathew Brady (1822-1896): Fotografò la guerra civile americana.
- Robert Capa (1913-1954): Fotografò la guerra civile spagnola, la seconda guerra mondiale e la guerra d'Indocina.
- James Agee (1909-1955): Fotografò la povertà nel sud degli Stati Uniti.
- Henri Cartier-Bresson (1908-2004): Uno dei fondatori della fotografia di reportage.
- Margaret Bourke-White (1904-1971): Fotografò la seconda guerra mondiale, la guerra fredda e la crisi dei missili di Cuba.
- Dorothea Lange (1895-1965): Fotografò la depressione americana.
- W. Eugene Smith (1918-1978): Fotografò la guerra in Corea e la guerra del Vietnam.
- Eddie Adams (1933-2004): Fotografò l'esecuzione del generale vietnamita Nguyen Van Lem.
- Annie Leibovitz (nata nel 1949): Una delle fotografe di ritratti più famose al mondo.
- Steve McCurry (nato nel 1950): Fotografò la ragazza afgana con gli occhi verdi.
- James Nachtwey (nato nel 1948): Fotografò la guerra civile in Ruanda e il genocidio in Bosnia.

Il fotogiornalismo è un'arte potente che può avere un impatto significativo sul mondo.

Etica e responsabilità nel fotogiornalismo

L'etica e le responsabilità nel fotogiornalismo sono principi fondamentali che guidano la condotta professionale dei fotore-porter e garantiscono l'integrità, l'accuratezza e l'equità del loro lavoro. Ecco una ripartizione delle principali considerazioni e responsabilità etiche:

Accuratezza e veridicità:

I fotoreporter hanno il dovere di rappresentare accuratamente i soggetti e gli eventi che fotografano. Ciò include evitare la manipolazione o l'alterazione delle immagini che potrebbero fuorviare gli spettatori o distorcere la verità.

I sottotitoli e il contesto sono fondamentali per fornire informazioni accurate. I fotoreporter dovrebbero sforzarsi di fornire didascalie complete che spieghino il contesto dell'immagine e identifichino accuratamente i soggetti.

Equità e obiettività:

I fotoreporter dovrebbero sforzarsi di presentare una rappresentazione equilibrata e imparziale di eventi e problemi. Ciò richiede di evitare pregiudizi sia nella selezione che nella presentazione delle immagini.

L'equità si estende anche al trattamento dei soggetti. I fotoreporter dovrebbero rispettare la dignità e la privacy delle persone raffigurate nelle loro fotografie e chiedere il consenso informato quando possibile.

Rispetto della Privacy e della Dignità:

I fotoreporter devono rispettare la privacy e la dignità dei loro soggetti, soprattutto in situazioni sensibili o vulnerabili. Dovrebbero esercitare discrezione ed empatia quando fotografano individui in difficoltà o in lutto.

Nei casi in cui non è possibile ottenere il consenso, i fotoreporter dovrebbero valutare se l'interesse pubblico prevale sul diritto alla privacy dell'individuo.

Evitare danni:

I fotoreporter hanno la responsabilità di ridurre al minimo i danni ai loro soggetti e alle comunità che documentano. Ciò include l'astensione dal sensazionalismo, dallo sfruttamento o dalla rappresentazione gratuita di violenza o sofferenza.

Quando trattano argomenti delicati come traumi o conflitti, i fotoreporter dovrebbero dare priorità al benessere dei loro soggetti ed esercitare sensibilità nel loro approccio.

Indipendenza e integrità:

I fotoreporter dovrebbero mantenere l'indipendenza editoriale e l'integrità nel loro lavoro, liberi da influenze esterne o coercizioni. Dovrebbero resistere alle pressioni volte a manipolare o sensazionalizzare le immagini per ottenere van-taggi commerciali o politici.

La divulgazione dei conflitti di interessi è essenziale per mantenere la trasparenza e la fiducia. I fotoreporter dovrebbero evitare situazioni in cui la loro imparzialità o credibilità potrebbero essere compromesse.

Responsabilità e trasparenza:

I fotoreporter dovrebbero essere responsabili delle loro azioni e decisioni, sia nei confronti del loro pubblico che della professione in generale. Ciò include la trasparenza riguardo ai metodi, ai processi e alle fonti.

Correzioni e chiarimenti dovrebbero essere forniti tempestivamente in caso di errori o inesattezze e dovrebbero essere compiuti sforzi per correggere eventuali danni causati da segnalazioni fuorvianti o non etiche.

In sintesi, l'etica e le responsabilità nel fotogiornalismo sono radicate nei principi di accuratezza, correttezza, rispetto e responsabilità. Sostenendo questi principi, i fotoreporter svolgono un ruolo cruciale nell'informare il pubblico, favorire la comprensione e sostenere l'integrità del giornalismo come professione.

*****

Capitolo 2

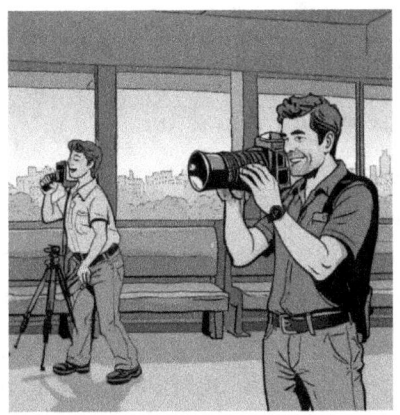

COMPETENZE FOTOGRAFICHE ESSENZIALI

Per avere successo come fotoreporter, è necessario padroneggiare una serie diversificata di abilità che vanno oltre il semplice scattare foto. Ecco le competenze fotografiche essenziali richieste:

Competenza tecnica con le fotocamere

Comprensione delle funzioni della fotocamera: conoscenza dei diversi tipi di fotocamere (DSLR, mirrorless, ecc.) e delle loro caratteristiche.

Impostazioni manuali: competenza nelle impostazioni manuali di esposizione, apertura, velocità dell'otturatore e ISO per controllare la qualità dell'immagine.

Tecniche di composizione

Regola dei terzi: utilizzare la regola dei terzi per creare composizioni equilibrate e interessanti.

Linee guida: utilizzo di linee naturali per guidare l'occhio dello spettatore attraverso l'immagine.

Inquadratura: utilizzo di elementi all'interno della scena per inquadrare il soggetto.

Profondità di campo: controllo della messa a fuoco per isolare i soggetti o includere il contesto dello sfondo.

Competenze di illuminazione

Luce naturale: padronanza nel lavorare con la luce naturale, comprese le tecniche dell'ora d'oro e della retroilluminazione.

Illuminazione artificiale: utilizzo di flash, flash e illuminazione continua per migliorare o creare l'effetto desi-derato.

Fotografia in condizioni di scarsa illuminazione: tecni-che per catturare immagini nitide in ambienti scarsamente illuminati.

Comprendere l'esposizione

Triangolo di esposizione: bilanciamento di apertura, velocità dell'otturatore e ISO per un'esposizione corretta.

Utilizzo dell'istogramma: utilizzo dell'istogramma per garantire un'esposizione corretta ed evitare il ritaglio.

Abilità narrativa

Narrativa visiva: creazione di una storia visiva avvincente attraverso una serie di immagini.

Emozione e contesto: catturare emozioni, azioni e contesto per trasmettere l'essenza della storia.

Impatto della singola immagine: capacità di creare potenti immagini autonome che raccontano una storia.

Modifica e post-elaborazione

Competenza software: esperienza in software di fotoritocco come Adobe Lightroom e Photoshop.

Correzione colore: regolazione del bilanciamento del bian-co e delle tonalità dei colori per migliorare l'immagine.

Ritocco: competenze di ritocco di base per ripulire le immagini senza alterarne l'autenticità.

Editing etico: mantenimento dell'integrità dell'immagine e adesione agli standard etici nella post-elaborazione.

Consapevolezza etica

Consenso e Privacy: Comprendere l'importanza di ottenere il consenso e rispettare la privacy.

Obiettività: garantire che le immagini siano rappresentazioni veritiere del soggetto o dell'evento.

Situazioni sensibili: gestire argomenti delicati ed eventi angoscianti con cura e rispetto.

La consapevolezza della situazione

Riflessi rapidi: essere in grado di reagire rapidamente per catturare momenti fugaci.

Adattabilità: adattarsi al volo a diversi ambienti e situazioni.

Valutazione del rischio: valutare i rischi potenziali e garantire la sicurezza personale durante l'incarico.

Abilità interpersonali

Comunicazione: comunicazione efficace con i soggetti, guadagnando la loro fiducia e mettendoli a proprio agio.

Collaborazione: lavorare in modo efficace con giornalisti, redattori e altri membri del team.

Ricerca e preparazione

Ricerca di fondo: comprendere il contesto e il significato dell'evento o del soggetto fotografato.

Preparazione: essere ben preparati con l'attrezzatura giusta, i backup e i piani di emergenza per situazioni impreviste.

Sviluppo del portafoglio

Curation: selezionare e presentare il lavoro migliore in un portfolio coeso e avvincente.

Storytelling attraverso il portfolio: garantire che il portfolio mostri una gamma di competenze e capacità di storytelling.

Competenze commerciali e di marketing

Autopromozione: costruire una presenza online e utilizzare i social media per mostrare il lavoro.

Networking: connessione con professionisti del settore, potenziali clienti e pubblico.

Freelance: comprendere i contratti, i prezzi e il lato commerciale della fotografia.

Importanza di queste abilità

Padroneggiare queste abilità fotografiche essenziali consente ai fotoreporter di creare storie visive di grande impatto, veritiere e avvincenti. Queste competenze con-sentono loro di navigare negli ambienti dinamici e spesso stimolanti in cui lavorano, garantendo loro di poter produrre costantemente un lavoro di alta qualità, etico e coinvolgente che informa, commuove e ispira il loro pubblico.

Attrezzature e accessori per fotocamere

Le attrezzature e gli accessori della fotocamera sono strumenti essenziali per i fotografi, compresi i fotoreporter, poiché consentono loro di catturare immagini in modo efficace e raggiungere la visione creativa desiderata. Ecco una ripartizione delle apparecchiature e degli accessori comuni per fotocamere:

Corpi della fotocamera:

I corpi macchina sono il componente principale di un sistema fotografico e ospitano il sensore di immagine, il processore e altri componenti essenziali.

Le fotocamere DSLR (Digital Single-Lens Reflex) e mirrorless sono due tipi principali, ciascuna con i suoi vantaggi e svantaggi.

I corpi di livello professionale offrono funzionalità come sensori ad alta risoluzione, sistemi di messa a fuoco automatica veloci, struttura resistente alle intemperie e opzioni di connettività avanzate.

Lenti:

Gli obiettivi sono fondamentali per inquadrare e focalizzare la luce sul sensore di immagine della fotocamera. Sono dispo-nibili in varie lunghezze focali e tipi, ciascuno adatto a diversi tipi di fotografia.

Obiettivi zoom standard, teleobiettivi zoom, obiettivi primari e obiettivi grandangolari sono tra i tipi più comuni utilizzati nel fotogiornalismo.

Gli obiettivi ad apertura rapida (con aperture massime più ampie come f/2,8 o superiori) sono preferiti per condizioni di scarsa illuminazione e per ottenere una profondità di campo ridotta.

Treppiedi e monopiedi:

Treppiedi e monopiedi forniscono stabilità e supporto alla fotocamera, soprattutto in situazioni in cui sono coinvolte lunghe esposizioni o attrezzature pesanti.

I treppiedi sono supporti a tre gambe che offrono la massima stabilità e sono ideali per scatti stazionari, mentre i monopiedi sono supporti a gamba singola che forniscono maggiore mobilità e flessibilità.

Borse e custodie per fotocamera:

Le borse e le custodie per fotocamera sono essenziali per trasportare e proteggere l'attrezzatura fotografica da danni, polvere ed elementi atmosferici.

Sono disponibili vari tipi, inclusi zaini, borse a tracolla, borse a tracolla e custodie con ruote, ciascuno progettato per diverse preferenze di trasporto e requisiti di attrezzatura.

Schede di memoria:

Le schede di memoria memorizzano i file di immagini digitali catturati dalla fotocamera. Sono disponibili in diversi formati e capacità, come SD, CF e XQD.

Le elevate velocità di lettura e scrittura sono fondamentali per trasferire rapidamente le immagini dalla fotocamera a un computer o ad altri dispositivi.

Unità flash esterne:

Le unità flash esterne forniscono fonti di luce aggiuntive per illuminare scene in condizioni di scarsa illuminazione o bilanciare l'esposizione in situazioni di illuminazione difficili.

Offrono funzionalità come potenza regolabile, funzionalità di rimbalzo/rotazione e opzioni di attivazione wireless per il controllo creativo dell'illuminazione.

Filtri:

I filtri sono accessori ottici che si attaccano alla parte anteriore degli obiettivi per modificare o migliorare le caratteristiche della luce che entra nella fotocamera.

I tipi comuni includono filtri UV per la protezione delle lenti, filtri polarizzatori per ridurre i riflessi e migliorare il contrasto e filtri a densità neutra per controllare l'esposizione in condizioni luminose.

Pacchi batteria e caricabatterie:

I pacchi batteria e i caricabatterie forniscono alimentazione alla fotocamera e ad altri accessori. Le batterie aggiuntive sono essenziali per sessioni di ripresa prolungate, soprattutto in luoghi remoti senza accesso alle prese di corrente.

Scatti remoti:

Gli scatti a distanza consentono ai fotografi di attivare l'otturatore della fotocamera da remoto, riducendo il rischio di vibrazioni della fotocamera e consentendo il funzionamento a mani libere, particolarmente utile per lunghe esposizioni e autoritratti.

Kit di pulizia:

I kit di pulizia contengono strumenti e soluzioni per la manutenzione dell'attrezzatura fotografica e per mantenere obiettivi, sensori e altri componenti liberi da polvere, sporco e macchie.

Gli articoli in genere includono panni per lenti, spazzole, soffiatori d'aria e tamponi per la pulizia del sensore.

Nel complesso, l'attrezzatura e gli accessori della fotocamera svolgono un ruolo fondamentale nel flusso di lavoro e nel processo creativo dei fotografi, fornendo loro gli strumenti e le capacità necessarie per catturare immagini di alta qualità in una varietà di situazioni e condizioni.

Comprendere esposizione, apertura, velocità dell'otturatore e ISO

Comprendere l'esposizione, l'apertura, la velocità dell'otturatore e l'ISO è fondamentale per i fotografi, inclusi i fotoreporter, poiché influenzano direttamente la qualità, la composizione e l'atmosfera di un'immagine. Ecco una ripartizione di ciascun concetto:

Esposizione:

L'esposizione si riferisce alla quantità di luce che raggiunge il sensore della fotocamera quando si scatta una fotografia.

Ottenere un'esposizione corretta è essenziale per produrre immagini ben bilanciate con luminosità e contrasto accurati.

L'esposizione è determinata da tre fattori principali: apertura, velocità dell'otturatore e sensibilità ISO.

Apertura:

L'apertura si riferisce all'apertura nell'obiettivo attraverso la quale passa la luce per raggiungere il sensore della fotocamera.

L'apertura viene misurata in f-stop, con valori f-stop più piccoli (ad esempio, f/2,8) che indicano aperture più grandi e valori f-stop più grandi (ad esempio, f/16) che indicano aperture più piccole.

Un'apertura più ampia (numero f-stop più piccolo) si traduce in una profondità di campo inferiore, consentendo una messa a fuoco selettiva e sfondi sfocati, mentre un'apertura più stretta (numero f-stop più grande) aumenta la profondità di campo, mantenendo a fuoco una parte maggiore della scena.

Velocità dell'otturatore:

La velocità dell'otturatore si riferisce alla quantità di tempo in cui l'otturatore della fotocamera rimane aperto per esporre il sensore alla luce.

La velocità dell'otturatore viene misurata in frazioni di secondo, ad esempio 1/500 o 1/30.

Tempi di posa più rapidi congelano il movimento e sono ideali per catturare soggetti in rapido movimento o ridurre le vibrazioni della fotocamera, mentre tempi di posa più lenti creano motion blur e sono utili per trasmettere un senso di movimento o catturare lunghe esposizioni.

Sensibilità ISO:

La sensibilità ISO misura la capacità del sensore della fotocamera di catturare la luce e produrre un'immagine in condizioni di illuminazione variabili.

I valori ISO variano generalmente da 100 (bassa sensibilità) a 6400 o superiore (alta sensibilità).

L'aumento della sensibilità ISO consente velocità dell'otturatore più elevate e/o aperture più piccole in situazioni di scarsa illuminazione, ma può introdurre rumore digitale o granulosità nell'immagine.

Relazione tra esposizione, apertura, velocità dell'otturatore e ISO:

L'esposizione è determinata dall'interazione tra apertura, velocità dell'otturatore e sensibilità ISO. La regolazione di una di queste impostazioni influisce sull'esposizione, richiedendo regolazioni compensative alle altre per mantenere un'esposizione corretta.

Ad esempio, se aumenti l'apertura (apertura più ampia) per consentire l'ingresso di più luce, potrebbe essere necessario aumentare la velocità dell'otturatore o diminuire la sensibilità ISO per evitare la sovraesposizione.

Comprendere come i cambiamenti nell'apertura, nella velocità dell'otturatore e nella sensibilità ISO influiscono sull'esposizione e sulla qualità dell'immagine consente ai fotografi di controllare in modo creativo fattori come profondità di campo, sfocatura da movimento e rumore/grana, consentendo loro di ottenere l'estetica desiderata e comunicare la propria visione in modo efficace attraverso le loro fotografie.

Padroneggiare l'esposizione, l'apertura, la velocità dell'otturatore e la sensibilità ISO è essenziale affinché i fotografi possano adattarsi alle diverse condizioni di scatto, manipolare in modo creativo la luce e il movimento e produrre costantemente immagini di alta qualità.

Tecniche di composizione per narrazioni di grande impatto

Le tecniche di composizione sono principi fondamentali che i fotografi, compresi i fotoreporter, utilizzano per organizzare e disporre gli elementi all'interno di una cornice per creare immagini visivamente accattivanti e di grande impatto che comunichino efficacemente una storia o un messaggio. Ecco diverse tecniche di composizione per una narrazione di grande impatto:

Regola dei terzi:

Dividi la cornice in una griglia di nove sezioni uguali utilizzando due linee orizzontali e due verticali.

Posiziona gli elementi chiave, come il soggetto principale o i punti di interesse, lungo queste linee o nelle loro intersezioni per creare equilibrio e interesse visivo.

Linee guida:

Utilizza le linee, siano esse diritte, diagonali, curve o convergenti, per guidare l'occhio dello spettatore attraverso l'immagine e verso il soggetto principale o il punto focale.

Le linee guida possono essere elementi naturali come strade, fiumi o rami di alberi oppure elementi artificiali come recinzioni, edifici o ringhiere.

Inquadratura:

Utilizza elementi all'interno della scena, come archi, finestre, stipiti di porte o oggetti naturali come rami di alberi o fogliame, per inquadrare il soggetto principale.

L'inquadratura aggiunge profondità alla composizione, attira l'attenzione sul soggetto e crea un senso di contesto o narrativa all'interno dell'immagine.

Simmetria e modelli:

Cerca schemi simmetrici o ripetitivi nella scena, come riflessi, forme geometriche o dettagli architettonici.

Simmetria e motivi creano armonia visiva, ordine e ritmo, migliorando la composizione complessiva e aggiungendo interesse visivo all'immagine.

Profondità e livelli:

Crea un senso di profondità e dimensionalità all'interno dell'inquadratura includendo elementi in primo piano, in secondo piano e sullo sfondo.

La stratificazione degli elementi all'interno della composizione aggiunge complessità, profondità visiva e opportunità di narrazione, consentendo agli spettatori di esplorare diversi livelli dell'immagine.

Punto di vista e prospettiva:

Sperimenta diversi angoli, punti di vista e prospettive per creare composizioni uniche e dinamiche.

Cambiare il punto di vista, sia che si scatti da un angolo basso, da un angolo alto o da un punto di vista insolito, può alterare la percezione della scena da parte dello spettatore ed evocare emozioni o narrazioni diverse.

Uso del colore e del contrasto:

Presta attenzione all'uso del colore, del contrasto e della gamma tonale all'interno dell'inquadratura per creare impatto visivo e migliorare la narrazione.

Colori vivaci, forti contrasti e luci drammatiche possono evocare stati d'animo, atmosfere ed emozioni, aggiungendo profondità e intensità alla narrazione.

Spazio negativo:

Utilizza lo spazio negativo, le aree vuote o in bianco che circondano il soggetto principale, per creare un senso di equilibrio, semplicità e concentrazione all'interno della compo-sizione.

Lo spazio negativo può attirare l'attenzione sul soggetto principale, enfatizzarne l'importanza e consentire un po' di respiro all'interno dell'immagine.

Momento e gesto:

Cattura momenti e gesti decisivi che trasmettono emozioni, azioni o interazioni umane all'interno dell'inquadratura.

Il tempismo è fondamentale nel fotogiornalismo e catturare momenti fugaci può aggiungere immediatezza, autenticità e potere narrativo alla storia.

Applicando queste tecniche di composizione, i fotografi possono strutturare efficacemente le proprie immagini per coinvolgere gli spettatori, trasmettere un messaggio o una narrazione chiara ed evocare risposte emotive, creando infine storie visive di grande impatto e memorabili.

L'arte e il Mestiere del Fotoreporter

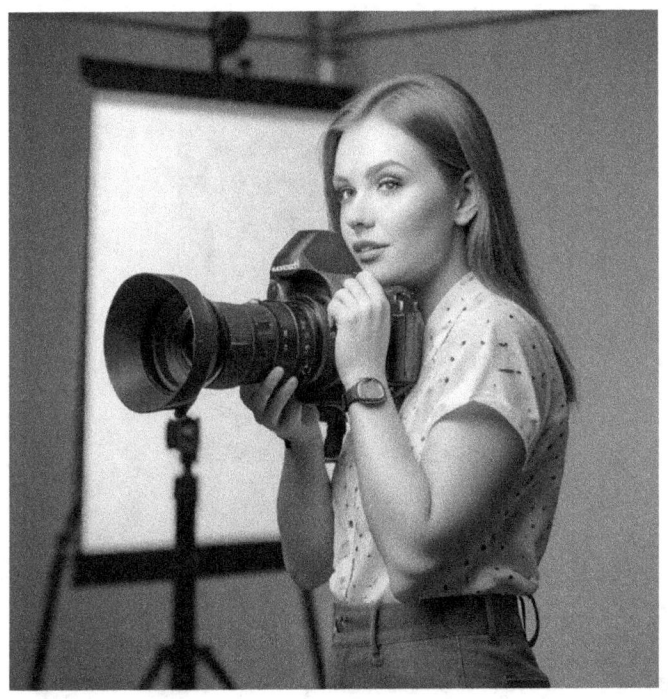

"I fotoreporter sono gli osservatori silenziosi della storia, testimoni dell'ascesa e della caduta delle nazioni, dei trionfi e delle tragedie dell'umanità."

*****

Capitolo 3

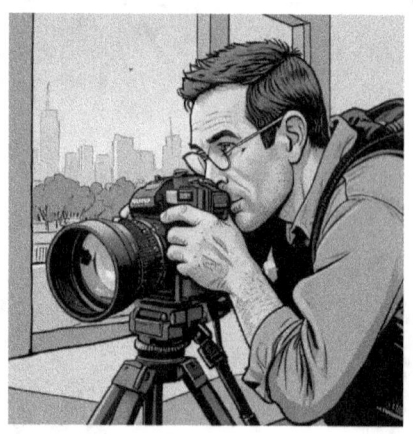

Narrazione Visiva

Il visual storytelling è l'arte di trasmettere una narrazione o un messaggio attraverso i media visivi. Sfrutta fotografie, video, illustrazioni e altri elementi visivi per raccontare una storia in un modo che le parole da sole non possono raggiungere. Questo metodo enfatizza l'uso di elementi visivi per evocare emozioni, evidenziare momenti chiave e fornire una comprensione più profonda dell'argomento.

Lo storytelling visivo è una tecnica potente utilizzata in vari campi, tra cui fotogiornalismo, cinema, marketing e arte. Si tratta di creare una narrazione coesa e avvincente utilizzando elementi visivi che coinvolgano i sensi e l'immaginazione dello spettatore. Ecco una ripartizione dettagliata della narrazione visiva nel contesto del fotogiornalismo:

1. **Componenti chiave della narrazione visiva:**
   - **Immagini:** fotografie evocative di alta qualità che catturano l'essenza della storia.
   - **Sequenze:** serie di immagini disposte in modo da mostrare la progressione degli eventi o l'evoluzione di una storia.
   - **Contesto:** informazioni di base fornite tramite didascalie, titoli o testo di accompagnamento per migliorare la comprensione.
   - **Risonanza emotiva:** immagini che evocano forti emozioni, aiutando a connettere lo spettatore alla storia a un livello più profondo.
   - **Flusso visivo:** una struttura coerente che guida lo spettatore attraverso la narrazione senza soluzione di continuità.

2. **Elementi di uno storytelling visivo efficace:**
   - **Composizione:** la disposizione degli elementi all'interno di una cornice per creare equilibrio, concentrazione e interesse.
   - **Illuminazione:** l'uso della luce naturale o artificiale per migliorare l'atmosfera, evidenziare i soggetti e aggiungere profondità alle immagini.
   - **Messa a fuoco e profondità di campo:** tecniche per attirare l'attenzione su parti specifiche dell'immagine, isolando i soggetti o includendo il contesto.
   - **Colore e contrasto:** l'uso del colore e del contrasto per trasmettere l'atmosfera,

enfatizzare gli elementi e creare impatto visivo.
- **Movimento e tempismo:** catturare momenti decisivi che trasmettono azione, emozione o cambiamento.

3. **Tecniche di narrazione visiva:**
   - **Impatto di una singola immagine:** creare un'immagine potente che possa reggere da sola e raccontare una storia completa.
   - **Serie fotografica:** sequenza di immagini che collettivamente raccontano una storia più dettagliata, mostrando aspetti o fasi diverse.
   - **Coesione tematica:** garantire che tutte le immagini di una serie o di un progetto si riferiscano a un tema o concetto centrale.
   - **Simbolismo:** utilizzo di simboli visivi per rappresentare idee, concetti o emozioni più ampi.
   - **Giustapposizione:** affiancare immagini contrastanti per evidenziare le differenze o creare nuovi significati.

4. **Applicazioni della narrazione visiva:**
   - **Fotogiornalismo:** documentare eventi, persone e luoghi reali per informare, educare e coinvolgere il pubblico. Lo storytelling visivo nel fotogiornalismo mira a fornire una rappresentazione veritiera del mondo, evidenziando questioni importanti ed esperienze umane.
   - **Documentari:** utilizzo di una combinazione di immagini, video e testo per raccontare storie approfondite su argomenti di vita reale.
   - **Marketing e pubblicità:** creazione di narrazioni visive avvincenti per coinvolgere i clienti, trasmettere i valori del marchio e promuovere i prodotti.

- **Social media:** condivisione di storie visive su piattaforme come Instagram, Facebook e Twitter per raggiungere un vasto pubblico e incoraggiare l'interazione.
- **Arte e mostre:** esposizione di narrazioni visive in gallerie e musei per evocare contemplazione e discussione.

5. **Importanza della narrazione visiva:**

    - **Coinvolgimento:** le immagini catturano l'attenzione in modo più efficace rispetto al solo testo, rendendo la storia più coinvolgente e memorabile.
    - **Connessione emotiva:** le immagini possono evocare emozioni che risuonano con gli spettatori, creando una connessione più forte con la storia.
    - **Accessibilità:** le storie visive trascendono le barriere linguistiche, rendendole accessibili a un pubblico globale.
    - **Impatto:** immagini potenti possono ispirare l'azione, aumentare la consapevolezza e guidare il cambiamento sociale.

Lo storytelling visivo è un'abilità essenziale per i fotoreporter e altri comunicatori visivi. Implica la combinazione ponderata di competenza tecnica, visione artistica e comprensione narrativa per creare narrazioni visive avvincenti che risuonino con il pubblico. Padroneggiando la narrazione visiva, i fotoreporter possono documentare e condividere efficacemente l'esperienza umana, dando vita a storie importanti in un modo che le parole da sole non possono raggiungere.

Il potere di una singola immagine

Il potere di una singola immagine risiede nella sua capacità di trasmettere emozioni complesse, raccontare storie avvincenti ed evocare reazioni profonde negli spettatori. Ecco un'esplorazione più approfondita del significato e dell'impatto di una singola immagine:

Impatto emotivo:

Un'immagine ben realizzata ha il potere di evocare una vasta gamma di emozioni, dalla gioia e ammirazione alla tristezza e all'empatia. Una singola fotografia può catturare un momento di intensa emozione, consentendo agli spettatori di connettersi profondamente con il soggetto e la storia raccontata.

Narrazione visiva:

Una singola immagine può raccontare una storia completa o trasmettere un messaggio potente in modo conciso e di grande impatto. Attraverso un'attenta composizione, inquadratura e tempistica, i fotografi possono distillare narrazioni complesse in un unico fotogramma, invitando gli spettatori a interpretare e interagire con l'immagine su più livelli.

Riconoscimento immediato:

Un'immagine potente ha la capacità di trascendere le barriere linguistiche e culturali, comunicando il suo messaggio in modo istantaneo e universale. Le fotografie iconiche diventano simboli immediatamente riconoscibili che evocano ricordi, emozioni e valori collettivi attraverso generazioni e culture.

Provocare riflessioni e discussioni:

Un'immagine stimolante può stimolare conversazioni significative, sfidare i preconcetti e innescare il cambiamento sociale. Evidenziando questioni importanti, denunciando ingiustizie o catturando momenti di resilienza e speranza, i fotografi possono ispirare gli spettatori a riflettere sul mondo che li circonda e ad agire.

Preservare la storia e la memoria:

L'arte e il Mestiere del Fotoreporter

Le fotografie costituiscono documenti inestimabili di eventi storici, tradizioni culturali e ricordi personali. Una singola immagine ha il potere di preservare un momento nel tempo, catturando l'essenza di un'epoca e offrendo alle generazioni future una finestra sul passato.

Plasmare l'opinione pubblica:

Le immagini hanno il potere di plasmare l'opinione pubblica e influenzare il processo decisionale su scala globale. Presen-tando prove visive convincenti, i fotoreporter possono sensi-bilizzare su questioni urgenti, responsabilizzare le istituzioni potenti e sostenere un cambiamento positivo.

Connessione personale:

Una singola immagine ha la capacità di creare una profonda connessione personale tra lo spettatore e il soggetto. Che catturino momenti intimi della vita quotidiana o straordinarie imprese di coraggio e resilienza, le fotografie hanno il potere di trascendere le barriere e favorire l'empatia e la comprensione.

Ispirazione e creatività:

Un'immagine potente può ispirare e motivare gli spettatori a vedere il mondo in modi nuovi, accendere la loro immaginazione e stimolare la loro creatività. Mettendo in mostra la bellezza, la diversità e la complessità del mondo che ci circonda, le fotografie hanno il potere di ispirare l'azione e promuovere cambiamenti positivi.

In sostanza, il potere di una singola immagine risiede nella sua capacità di trascendere il tempo e lo spazio, di provocare pensiero ed emozione e di ispirare azione e cambiamento. Che si tratti di catturare momenti di gioia o di dolore, di bellezza o di difficoltà, una singola fotografia ha il potenziale per lasciare un impatto duraturo sugli spettatori e sul mondo.

Costruire una narrazione visiva

Costruire una narrazione visiva implica creare una storia coerente e avvincente utilizzando una serie di immagini. Simile alla narrazione letteraria o cinematografica, le narrazioni visive comunicano temi, emozioni e messaggi attraverso una sequenza di fotografie accuratamente selezionate e disposte. Ecco una ripartizione del processo:

Concettualizzazione:

Definire lo scopo e il tema della narrazione visiva. Che storia vuoi raccontare e quale messaggio vuoi trasmettere? Considera il pubblico e l'impatto previsto della narrazione.

Storyboard:

Pianifica la sequenza delle immagini e il flusso della narrazione. Crea uno storyboard o una struttura per organizzare le tue idee e garantire una progressione logica da un'immagine a quella successiva.

Stabilire i colpi:

Inizia la narrazione stabilendo inquadrature che definiscano la scena e il contesto della storia. Queste immagini forniscono una panoramica dell'ambientazione, introducono personaggi o soggetti chiave e stabiliscono l'atmosfera o l'atmosfera.

Sequenza e ritmo:

Presta attenzione al ritmo e al ritmo della narrazione. Alterna diversi tipi di inquadrature (ampia, media, primo piano) per creare interesse visivo e mantenere il coinvolgimento dello spettatore. Considera i tempi e il posizionamento di ciascuna immagine per creare tensione, anticipazione o impatto emotivo.

Elementi visivi:

Utilizza elementi visivi come composizione, illuminazione, colore e prospettiva per migliorare la narrazione. Allinea questi elementi con il tema e l'atmosfera della storia per rafforzarne il messaggio ed evocare le emozioni desiderate.

Sviluppo del personaggio:

Sviluppa personaggi o soggetti nel corso della narrazione, consentendo agli spettatori di connettersi con il loro viaggio, le loro emozioni e le loro esperienze. Mostra la loro crescita, le loro difficoltà e le loro relazioni attraverso una serie di immagini che catturano momenti e interazioni chiave.

Conflitto e risoluzione:

Introduci conflitto o tensione per portare avanti la narrazione e creare suspense. Mostra le sfide o gli ostacoli affrontati dai personaggi e il loro viaggio verso la risoluzione o la trasformazione.

Chiusura:

Fornisci una conclusione alla fine della narrazione risolvendo i conflitti, trasmettendo un senso di completamento o risoluzione o lasciando agli spettatori un'impressione dura-tura o un messaggio da portare con sé.

Coerenza e coesione:

Mantieni la coerenza nello stile, nel tono e nel linguaggio visivo in tutta la narrazione per garantire coesione e chiarezza. Utilizza motivi, temi o spunti visivi ricorrenti per legare insieme le immagini e rafforzare il messaggio generale della storia.

Riflessione e interpretazione:

Invita gli spettatori a riflettere sulla narrazione e a interpretarne il significato nella propria vita. Lasciare spazio all'ambiguità o all'apertura per incoraggiare il dialogo e l'impegno.

Costruire una narrazione visiva richiede creatività, capacità di narrazione e una profonda comprensione del linguaggio visivo. Realizzando con cura una sequenza di immagini che risuonano con gli spettatori emotivamente e intellettualmente, i fotografi possono creare narrazioni avvincenti che lasciano un impatto duraturo.

Raccontare storie attraverso una serie di foto

Raccontare storie attraverso una serie di foto, spesso definito saggio fotografico o narrativa visiva, implica l'utilizzo di una sequenza di immagini per trasmettere una storia coerente e avvincente. A differenza di una singola fotografia, che cattura un momento nel tempo, una serie di foto consente ai fotografi di esplorare temi, documentare eventi o rappresentare narrazioni in maggiore profondità e complessità. Ecco come i fotografi possono raccontare storie in modo efficace attraverso una serie di foto:

Definisci la storia:

Determina il tema centrale, il messaggio o l'arco narrativo che desideri trasmettere attraverso la serie di foto. Considera la storia generale che vuoi raccontare e le emozioni o le idee che vuoi evocare nello spettatore.

Pianificazione e Pre-produzione:

Pianifica la struttura e la sequenza del saggio fotografico. Considera il flusso della narrazione, il ritmo delle immagini e le transizioni visive tra le scene.

Condurre ricerche, interviste o lavoro di base per raccogliere informazioni e approfondimenti che informeranno il processo di narrazione.

Stabilire inquadrature e contesto:

Inizia il saggio fotografico stabilendo scatti che ambientano la scena e forniscano il contesto alla storia. Queste immagini introducono l'ambientazione, i personaggi o i soggetti e stabiliscono l'atmosfera o l'atmosfera.

Catturare momenti chiave e dettagli:

Utilizza una combinazione di campi larghi, campi medi e primi piani per catturare momenti chiave, emozioni e dettagli che contribuiscono alla narrazione.

Concentrati sugli elementi narrativi come azione, emozione, interazione e simbolismo per trasmettere la storia in modo efficace.

Sequenziamento e stimolazione:

Disporre le foto in una sequenza logica che guida lo spettatore attraverso la narrazione. Considera il ritmo della storia e l'arco emotivo che desideri creare.

Utilizza segnali visivi, transizioni e giustapposizioni tra le immagini per migliorare il flusso e la coerenza della narrazione.

Creare varietà visiva:

Incorpora una varietà di elementi visivi, prospettive e composizioni per mantenere l'interesse e il coinvolgimento dello spettatore durante tutta la serie di foto.

Sperimenta diverse angolazioni, condizioni di illuminazione e tecniche di ripresa per aggiungere profondità, consistenza e ricchezza visiva alle immagini.

Enfatizzare temi e simboli:

Usa temi, motivi o simboli ricorrenti per rafforzare il messaggio centrale o le idee della storia. Questi segnali visivi possono fornire continuità e coerenza alla narrazione.

Costruire tensione e risoluzione:

Sviluppa l'arco narrativo creando tensione, conflitto o suspense in tutta la serie di foto. Mostra la progressione di eventi o emozioni che portano a una risoluzione o al climax.

Concludi il saggio fotografico con un senso di conclusione o risoluzione che lasci agli spettatori un'impressione duratura o un messaggio da portare con sé.

Modifica e sequenziamento:

Seleziona le immagini più forti che trasmettono meglio la storia e disponili in una sequenza coerente. Rimuovi eventuali immagini ridondanti o estranee che non contribuiscono alla narrazione.

Presta attenzione al ritmo, al ritmo e al flusso visivo del saggio fotografico durante il processo di editing.

Didascalie e testo:

Fornisci didascalie, titoli o testo di accompagnamento per fornire contesto, informazioni di base o approfondimenti aggiuntivi sulla storia. Utilizza le didascalie per integrare le immagini e migliorare la comprensione e l'interpretazione della narrazione da parte dello spettatore.

Raccontare storie attraverso una serie di foto richiede un'attenta pianificazione, capacità di narrazione visiva e un'acuta comprensione della struttura narrativa. Creando una sequenza di immagini che affascinano, coinvolgono e entrano in risonanza con gli spettatori, i fotografi possono creare narrazioni visive potenti ed evocative che lasciano un'impressione duratura.

*****

Capitolo 4

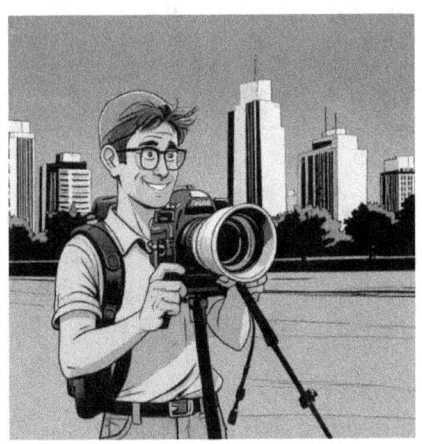

Modifica e post-elaborazione delle foto

Il fotoritocco e la post-elaborazione si riferiscono alle tecniche e ai processi applicati alle immagini dopo che sono state catturate da una fotocamera. Questi processi hanno lo scopo di migliorare l'attrattiva visiva, correggere le imperfezioni e garantire che l'immagine finale rappresenti accuratamente la visione o il messaggio previsto.

Il fotoritocco e la post-elaborazione sono fasi critiche nel flusso di lavoro fotografico, poiché trasformano le immagini grezze in immagini raffinate e di grande impatto. Ecco un'esplorazione dettagliata di ciò che comportano questi processi:

Modifica delle foto:

Regolazioni di base: comportano correzioni fondamentali come la regolazione dell'esposizione, del contrasto, della luminosità e della saturazione per migliorare l'aspetto generale dell'immagine.

Ritaglio e ridimensionamento: modifica delle dimensioni dell'immagine per migliorare la composizione o adattarla a formati specifici.

Correzione del colore: regolazione del bilanciamento del bianco, dei toni del colore e delle tonalità per garantire colori accurati e piacevoli.

Nitidezza e riduzione del rumore: migliora la chiarezza dell'immagine rendendo più nitidi i dettagli e riducendo la granulosità, soprattutto in condizioni di scarsa illuminazione.

Rimozione macchie: eliminazione di imperfezioni, macchie di polvere e altre piccole imperfezioni dall'immagine.

Correzione occhi rossi: correzione dell'effetto occhi rossi comunemente causato dalla fotografia con flash.

Post produzione:

Ritocco avanzato: comporta regolazioni più dettagliate come levigatura della pelle, miglioramento degli occhi e altri ritocchi dei ritratti.

Effetti creativi: applicazione di effetti artistici come vignettatura, conversione in bianco e nero, tonalità seppia e regolazioni selettive del colore.

Imaging HDR: combinazione di più esposizioni per creare un'immagine HDR (High Dynamic Range), che cattura una gamma più ampia di dettagli di luci e ombre.

Unione panoramica: unione di più immagini per creare un unico panorama ad ampia visualizzazione.

Fusione di immagini: combinazione di elementi di foto diverse per creare un'immagine composita, spesso utilizzata nella fotografia creativa e commerciale.

Correzioni dell'obiettivo: correzione di distorsioni, aberrazioni cromatiche e altri problemi ottici introdotti dall'obiettivo della fotocamera.

Strumenti e software:

Adobe Lightroom: popolare per la sua facilità d'uso e le potenti funzionalità di modifica, inclusa l'elaborazione batch e la modifica non distruttiva.

Adobe Photoshop: noto per i suoi ampi strumenti di ritocco, livelli e funzionalità di modifica avanzate.

Capture One: preferito dai fotografi professionisti per le sue capacità di color grading e tethering superiori.

Affinity Photo: un'alternativa conveniente con un set completo di strumenti di modifica.

GIMP: un editor di foto gratuito e open source con una gamma di funzionalità di livello professionale.

Considerazioni etiche:

Accuratezza: garantire che l'editing non fuorvii o alteri la verità della fotografia, in particolare nel giornalismo e nella fotografia documentaristica.

Consenso: ottenere il consenso quando si apportano modifiche significative all'aspetto di una persona.

Trasparenza: essere trasparenti sull'entità dell'editing, soprattutto in contesti in cui l'autenticità è fondamentale.

Integrazione del flusso di lavoro:

Organizzazione e catalogazione: utilizzo di software come Lightroom per organizzare, valutare e taggare le foto per un facile recupero.

Backup e archiviazione: implementazione di un robusto sistema di backup per proteggere i file originali e modificati.

Esportazione: esportazione di immagini in formati e risoluzioni appropriati per vari usi, come stampa, web e social media.

Importanza del fotoritocco e della post-elaborazione:

Appeal visivo migliorato: migliora la qualità estetica delle immagini, rendendole più coinvolgenti e di impatto.

Correzione delle imperfezioni: risolve i difetti tecnici e migliora la chiarezza dell'immagine.

Coerenza: garantisce un aspetto coerente in una serie di immagini.

Professionalità: migliora la qualità complessiva del lavoro, soddisfacendo gli standard professionali e le aspettative del cliente.

Espressione creativa: consente ai fotografi di esprimere la propria visione artistica e il proprio stile attraverso le proprie immagini.

Conclusione: il fotoritocco e la post-elaborazione sono competenze essenziali per i fotografi, poiché trasformano le acquisizioni grezze in immagini raffinate e di qualità professionale. La padronanza di queste tecniche implica una combinazione di conoscenza tecnica, sensibilità artistica e consapevolezza etica. Che si tratti di migliorare una fotografia di cronaca per garantire chiarezza e accuratezza o di applicare effetti creativi per un progetto commerciale, il fotoritocco e la post-elaborazione efficaci sono fondamentali per produrre immagini accattivanti e di grande impatto.

Introduzione al software di fotoritocco

L'introduzione al software di fotoritocco implica la comprensione dei concetti di base, degli strumenti e delle tecniche utilizzate per migliorare e manipolare le immagini digitali. I software di fotoritocco forniscono ai fotografi una gamma di strumenti per regolare l'esposizione, il bilanciamento del colore, la composizione e altri aspetti delle loro fotografie. Ecco una panoramica degli aspetti chiave del software di fotoritocco:

Interfaccia e area di lavoro:

Il software di fotoritocco presenta in genere un'interfaccia intuitiva con strumenti, pannelli e menu organizzati per facilità d'uso.

L'area di lavoro può includere un'area di modifica principale per visualizzare e manipolare le immagini, insieme a pannelli per accedere a strumenti, regolazioni, livelli e altre funzionalità.

Strumenti di modifica di base:

Gli strumenti di modifica di base consentono agli utenti di eseguire modifiche essenziali alle proprie immagini, come ritaglio, rotazione, ridimensionamento e raddrizzamento.

Altri strumenti comuni includono strumenti di selezione per isolare parti dell'immagine, strumenti di correzione e clonazione per rimuovere imperfezioni e pennelli per dipingere regolazioni su aree specifiche.

Aggiustamenti e miglioramenti:

Il software di fotoritocco offre un'ampia gamma di strumenti di regolazione per ottimizzare l'esposizione, il colore, il contrasto e la nitidezza delle immagini.

Queste regolazioni possono includere regolazioni dell'espo-sizione (luminosità, contrasto, livelli, curve), regolazioni del colore (tonalità, saturazione, vivacità, bilanciamento del bianco) e nitidezza e riduzione del rumore.

Filtri ed effetti:

Filtri ed effetti consentono agli utenti di applicare miglioramenti creativi alle proprie immagini, come filtri artistici, effetti vintage ed effetti speciali come sfocatura, distorsione o vignettatura.

Alcuni software di fotoritocco includono filtri ed effetti preimpostati, mentre altri consentono la personalizzazione e la creazione di effetti unici.

Livelli e maschere:

I livelli e le maschere sono funzionalità avanzate che consentono la modifica e la composizione non distruttiva di più elementi all'interno di un'immagine.

I livelli consentono agli utenti di impilare più immagini, regolazioni ed effetti, mentre le maschere consentono la fusione, il mascheramento o l'occultamento selettivo di aree specifiche all'interno di un livello.

Ritocco e restauro:

I software di fotoritocco includono strumenti per il ritocco e il ripristino delle immagini, come la rimozione di macchie, rughe o imperfezioni dai ritratti o il ripristino di fotografie vecchie o danneggiate.

Gli strumenti di ritocco avanzati possono includere separazione di frequenza, scherma e brucia e riempimento in base al contenuto.

Elaborazione batch e automazione:

Alcuni software di fotoritocco offrono funzionalità di elaborazione batch e automazione, consentendo agli utenti di applicare modifiche o aggiustamenti a più immagini contemporaneamente.

L'elaborazione batch è utile per semplificare i flussi di lavoro e applicare modifiche coerenti a un gran numero di immagini, come nella fotografia di eventi o nella fotografia di prodotti.

Esportazione e condivisione:

Una volta completata la modifica, il software di fotoritocco consente agli utenti di esportare immagini in vari formati di file e risoluzioni per la stampa o la condivisione online.

Le opzioni di esportazione possono includere formati come JPEG, PNG, TIFF o PSD (documento Photoshop), nonché opzioni per ridimensionare, aumentare la nitidezza e incorporare metadati.

I popolari software di fotoritocco includono Adobe Photoshop, Adobe Lightroom, Capture One, Affinity Photo e GIMP (GNU Image Manipulation Program), tra gli altri. Ogni software ha il proprio set di funzionalità, strumenti e capacità, in grado di soddisfare le diverse esigenze e preferenze dei fotografi.

Il miglioramento e il ritocco delle immagini

Il miglioramento e il ritocco delle immagini implica il processo di perfezionamento e miglioramento delle fotografie per ottenere l'effetto estetico o visivo desiderato. Queste tecniche sono comunemente utilizzate in fotografia per correggere le imperfezioni, migliorare i dettagli ed elevare la qualità complessiva di un'immagine. Ecco una ripartizione del miglioramento e del ritocco delle immagini:

Migliorare:

Il miglioramento implica la regolazione di vari aspetti di un'immagine per migliorarne l'aspetto generale e l'impatto visivo. Ciò può includere modifiche all'esposizione, al bilanciamento del colore, al contrasto e alla nitidezza.

I miglioramenti comuni includono:

Regolazioni dell'esposizione: modifica della luminosità, del contrasto, delle luci, delle ombre e della gamma tonale per ottenere un'esposizione bilanciata.

Correzione del colore: regolazione della tonalità, della saturazione e della vivacità per correggere le dominanti di colore o migliorare l'intensità del colore.

Bilanciamento del bianco: bilanciamento della temperatura del colore per garantire una riproduzione accurata del colore e toni neutri.

Contrasto e chiarezza: aumento del contrasto e della chiarezza per migliorare la definizione e aggiungere profondità all'immagine.

Nitidezza: applicazione di tecniche di nitidezza per migliorare i dettagli e migliorare la nitidezza complessiva dell'immagine.

Riduzione del rumore: riduzione del rumore digitale o della granulosità nelle immagini, soprattutto in condizioni di scarsa illuminazione o ISO elevati.

Ritocco:

Il ritocco implica il processo di modifica selettiva di aree specifiche di un'immagine per rimuovere imperfezioni, imperfezioni o distrazioni e per migliorare l'aspetto generale del soggetto o della scena.

Le tecniche di ritocco comuni includono:

Rimozione macchie: rimozione di macchie di polvere, macchie o altre imperfezioni utilizzando il pennello correttivo macchie o lo strumento timbro clone.

Ritocco della pelle: levigare i toni della pelle, ridurre le rughe e rimuovere piccole imperfezioni nella fotografia di ritratto.

Sbiancamento di occhi e denti: schiarisce e migliora l'aspetto di occhi e denti per creare un aspetto più lucido nei ritratti.

Pulizia dei peli e dello sfondo: rimozione di peli ribelli, distrazioni o elementi indesiderati dallo sfondo di un'immagine.

Rimozione oggetti: rimozione di oggetti indesiderati o distrazioni dalla scena utilizzando tecniche di riempimento o clonazione sensibili al contenuto.

Schermatura e bruciatura selettiva: migliora le luci e le ombre in modo selettivo per aggiungere dimensione e profondità all'immagine.

Modifica non distruttiva:

Le tecniche di modifica non distruttiva vengono utilizzate per apportare modifiche a un'immagine senza alterare in modo permanente i dati dell'immagine originale. Ciò consente maggiore flessibilità e controllo sul processo di modifica.

Tecniche come i livelli di regolazione, i filtri intelligenti e le maschere di livello in software come Adobe Photoshop consentono ai fotografi di applicare modifiche in modo selettivo e perfezionare le regolazioni secondo necessità.

Etica del ritocco:

Quando si ritoccano le immagini, è importante mantenere gli standard etici e l'integrità. Il ritocco dovrebbe migliorare l'aspetto naturale del soggetto senza fuorviare gli spettatori o alterare la realtà.

Le immagini ritoccate devono rappresentare accuratamente il soggetto o la scena preservando autenticità e veridicità.

Il miglioramento e il ritocco delle immagini richiedono una combinazione di competenze tecniche, giudizio artistico e sensibilità all'argomento. Padroneggiando queste tecniche, i fotografi possono elevare la qualità delle loro immagini e creare fotografie visivamente sbalorditive che affascinano gli spettatori.

Il mantenimento degli standard etici nell'editing

Il mantenimento di standard etici nell'editing implica il rispetto dei principi di onestà, integrità e trasparenza nella post-elaborazione delle immagini. Le pratiche di editing etico garantiscono che le fotografie rappresentino fedelmente la realtà e rispettino l'integrità e la dignità dei soggetti ritratti. Ecco una ripartizione delle considerazioni chiave per il mantenimento degli standard etici nell'editing:

Verità e autenticità:

Il montaggio etico implica preservare l'autenticità e la veridicità della scena o del soggetto originale. Evitare di alterare o manipolare elementi dell'immagine in modo da fuorviare gli spettatori o distorcere la realtà.

Qualsiasi modifica apportata all'immagine dovrebbe migliorarne la qualità visiva riflettendo accuratamente il contesto e il contenuto originali.

Divulgazione delle modifiche:

Divulgare in modo trasparente eventuali modifiche o alterazioni apportate all'immagine, soprattutto nei casi in cui vengono apportate modifiche significative al contenuto o alla composizione.

Quando pubblichi immagini modificate, fornisci didascalie o descrizioni chiare che indichino eventuali modifiche apportate alla fotografia originale.

Rispetto della dignità e della privacy dei soggetti:

Rispettare la dignità, la privacy e i diritti delle persone raffigurate nella fotografia. Evita di apportare modifiche che potrebbero comprometterne l'integrità o presentarli sotto una luce falsa o fuorviante.

Ottenere il consenso informato dei soggetti prima di apportare modifiche significative al loro aspetto o somiglianza.

Precisione nel fotogiornalismo:

Nel fotogiornalismo e nella fotografia documentaristica, l'accuratezza e la veridicità sono fondamentali. Mantenere l'integrità dell'immagine astenendosi dall'alterare il contenuto o il contesto in modo da distorcere la rappresentazione fattuale degli eventi.

Preservare l'accuratezza cronologica e contestuale delle immagini per garantire che forniscano una rappresentazione onesta dell'argomento.

Uso etico degli strumenti di editing:

Utilizzare gli strumenti e le tecniche di editing in modo responsabile, evitando alterazioni eccessive o non necessarie all'immagine che potrebbero comprometterne l'integrità.

Esercita moderazione quando applichi modifiche come ritocco, ritaglio o regolazioni del colore, assicurandoti che migliorino la qualità visiva dell'immagine senza sminuirne l'autenticità.

Considerazioni contestuali:

Considerare il contesto più ampio e le implicazioni delle decisioni di editing, soprattutto in argomenti delicati o controversi.

Tieni in considerazione le norme culturali, sociali ed etiche quando modifichi le immagini per assicurarti che siano rispettose e appropriate per il pubblico previsto.

Aderenza agli standard professionali:

Aderire alle linee guida etiche e agli standard professionali stabiliti da organizzazioni come la National Press Photographers Association (NPPA) o la World Press Photo Foundation.

Sostenere i principi etici in tutti gli aspetti della fotografia, dall'acquisizione delle immagini alla post-elaborazione e distribuzione, per mantenere l'integrità e la credibilità della professione.

Aderendo agli standard etici nell'editing, i fotografi dimostrano rispetto per i loro soggetti, sostengono la fiducia del loro pubblico e contribuiscono all'integrità e alla credibilità della professione fotografica. Le pratiche di editing etico garantiscono che le fotografie riflettano accuratamente la realtà preservando la dignità e l'autenticità degli individui e degli eventi che ritraggono.

Capitolo 5

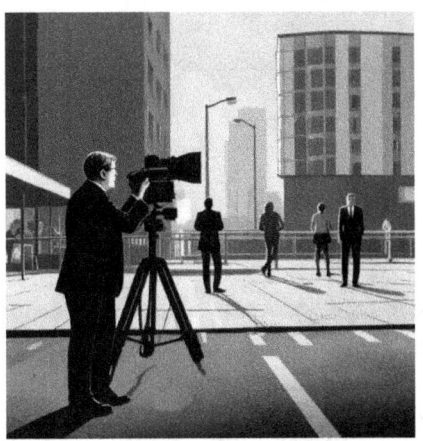

NOZIONI DI BASE SULLA REDAZIONE

Una newsroom è uno spazio dedicato all'interno di un'organizzazione mediatica in cui giornalisti, redattori e altri professionisti dei media lavorano per raccogliere, produrre e diffondere notizie. Funziona come hub per le operazioni di informazione, comprendendo vari ruoli e processi essenziali per la produzione di notizie.

Struttura e disposizione:

Pianta aperta: la maggior parte delle redazioni moderne ha una pianta aperta per facilitare la comunicazione e la collaborazione. Diversi reparti come reporting, editing e multimedia spesso condividono lo stesso spazio.

Scrivanie e postazioni di lavoro: giornalisti ed editori dispongono di postazioni di lavoro individuali o condivise dotate di computer, telefoni e altri strumenti necessari.

Aree riunioni: spazi designati per riunioni, sessioni di brainstorming e conferenze editoriali.

Ruoli e responsabilità chiave:

Reporter: raccolgono informazioni, conducono interviste e scrivono storie. Sono spesso specializzati in temi come la politica, lo sport o la salute.

Redattori: rivedere e perfezionare il lavoro dei giornalisti, garantendo accuratezza, coerenza e aderenza agli standard editoriali. Assegnano storie e forniscono indicazioni ai giornalisti.

Fotografi e fotoreporter: acquisisci contenuti visivi per integrare le notizie. Partecipano a eventi, conducono servizi fotografici e modificano immagini.

Giornalisti multimediali: producono contenuti che integrano testo, immagini, video e audio. Spesso gestiscono i canali dei social media e creano storie interattive.

Redattori: concentrati su grammatica, punteggiatura, stile e controllo dei fatti per garantire che il testo finale sia accurato e privo di errori.

Produttori: supervisionare la produzione di segmenti di notizie per la televisione o piattaforme online. Si coordinano con i vari dipartimenti per garantire la consegna tempestiva dei contenuti.

Designer e redattori del layout: responsabili della presentazione visiva delle notizie, inclusi i layout di pagina per le pubblicazioni cartacee e il web design per gli articoli online.

Responsabili dei contenuti digitali: supervisionano la pubblicazione dei contenuti sul sito Web dell'organizzazione e sulle piattaforme di social media, ottimizzando la SEO e il coinvolgimento del pubblico.

Operazioni giornaliere:

Riunioni editoriali: in genere si tengono all'inizio della giornata per discutere l'agenda delle notizie, assegnare storie e rivedere i progetti in corso.

Raccolta di notizie: reporter e giornalisti raccolgono notizie attraverso resoconti sul campo, interviste, comunicati stampa, agenzie di stampa e ricerche online.

Sviluppo della storia: le storie vengono sviluppate, scritte e perfezionate attraverso più bozze e modifiche. Gli elementi visivi e multimediali vengono integrati secondo necessità.

Pubblicazione: una volta approvate dagli editori, le storie vengono pubblicate attraverso vari canali, tra cui stampa, online, trasmissione e social media.

Strumenti tecnologici:

Sistemi di gestione dei contenuti (CMS): utilizzati per scrivere, modificare e pubblicare contenuti digitali. I sistemi più diffusi includono WordPress, Drupal e sistemi proprietari.

News Wire Services: organizzazioni come AP e Reuters forniscono feed di notizie che le redazioni utilizzano per integrare i loro rapporti.

Strumenti di analisi: utilizzati per monitorare il coinvolgimento del pubblico e le metriche sulle prestazioni. Strumenti come Google Analytics e Chartbeat sono comuni.

Strumenti di comunicazione: e-mail, messaggistica istantanea e software di gestione dei progetti (ad esempio Slack, Trello) vengono utilizzati per la comunicazione interna e il coordinamento.

Sfide e pressioni:

Scadenze: le redazioni operano con scadenze ravvicinate, spesso richiedendo una rapida consegna delle notizie.

Accuratezza e credibilità: garantire l'accuratezza delle informazioni e mantenere l'integrità giornalistica sono fondamentali.

Vincoli di risorse: molte redazioni si trovano ad affrontare tagli di budget e risorse limitate, che necessitano di approcci efficienti e innovativi alla produzione di notizie.

Trasformazione digitale: adattamento alle strategie digital-first e integrazione delle nuove tecnologie nei flussi di lavoro tradizionali.

Importanza della collaborazione:

Cooperazione interdipartimentale: una produzione di notizie di successo si basa sulla perfetta collaborazione tra giornalisti, redattori, fotografi, designer e team digitali.

Supervisione editoriale: gli editori forniscono una supervisione cruciale, garantendo che le storie siano accurate, equilibrate e ben realizzate.

Coinvolgimento del pubblico: coinvolgere il pubblico attraverso feedback, commenti e interazioni sui social media è sempre più importante.

Conclusione: comprendere le basi delle operazioni di redazione è essenziale per chiunque aspiri a lavorare nel giornalismo. La redazione è un ambiente dinamico in cui il lavoro di squadra, la comunicazione e l'adattabilità sono fondamentali. Dalla raccolta di notizie alla pubblicazione di storie, ogni ruolo svolge un ruolo fondamentale nel fornire al pubblico notizie accurate, tempestive e convincenti.

Struttura e dinamiche della redazione

La struttura e le dinamiche della redazione si riferiscono all'organizzazione, al flusso di lavoro e ai processi collaborativi all'interno di una testata giornalistica o di un mezzo di informazione. La struttura e le dinamiche di una redazione svolgono un ruolo cruciale nel modellare il modo in cui le notizie vengono ricercate, prodotte e diffuse al pubblico. Ecco una ripartizione dei componenti chiave:

Direzione editoriale:

La leadership editoriale comprende redattori capo, caporedattori e altri redattori senior che supervisionano la direzione editoriale generale, la strategia dei contenuti e i processi decisionali all'interno della redazione.

I leader editoriali stabiliscono gli standard giornalistici, sostengono la missione e i valori dell'organizzazione e forniscono guida e indicazioni ai giornalisti e al personale.

Dipartimenti e Sportelli:

Le redazioni sono generalmente organizzate in dipartimenti o scrivanie in base ad aree o argomenti di copertura, come politica, affari, sport, intrattenimento e notizie locali.

Ogni dipartimento è guidato da un redattore o da un team di redattori responsabile dell'assegnazione e del coordinamento della copertura all'interno dei rispettivi settori.

Reporter e giornalisti:

Reporter e giornalisti sono il personale in prima linea responsabile della ricerca, della raccolta e della segnalazione di notizie. Conducono interviste, indagano su piste e scrivono articoli o producono contenuti multimediali per la pubblicazione.

I giornalisti possono specializzarsi in argomenti o argomenti specifici, come la criminalità, l'istruzione, la salute o la tecnologia.

Copy editor e fact-checkers:

I redattori esaminano e modificano gli articoli per verificarne l'accuratezza, la chiarezza, la grammatica e lo stile prima della pubblicazione. Garantiscono che le storie aderiscano alle linee guida editoriali dell'organizzazione e rispettino gli standard giornalistici.

I fact-checker verificano l'accuratezza delle informazioni presentate nelle notizie, corroborando i fatti, controllando le fonti e identificando eventuali inesattezze o discrepanze.

Fotoreporter e redattori visivi:

Fotoreporter ed editor visivi sono responsabili dell'acquisizione di immagini, video e contenuti multimediali per accompagnare le notizie. Selezionano, modificano e impaginano le risorse visive per migliorare la narrazione e coinvolgere i lettori.

I redattori visivi collaborano con giornalisti ed editori per garantire che gli elementi visivi siano in linea con la narrazione e trasmettano i messaggi chiave in modo efficace.

Team di digital e social media:

I team digitali e social media gestiscono la presenza online, il sito Web e gli account dei social media della pubblicazione. Curano e pubblicano contenuti, interagiscono con il pubblico e analizzano le metriche digitali per ottimizzare le prestazioni.

Questi team svolgono un ruolo cruciale nel diffondere notizie su piattaforme digitali, raggiungere un pubblico più ampio e promuovere il coinvolgimento e l'interazione della comunità.

Collaborazione e comunicazione:

La collaborazione e la comunicazione sono aspetti essenziali delle dinamiche di una redazione. Giornalisti, redattori e personale collaborano strettamente per sviluppare idee per storie, coordinare la copertura e garantire la consegna tempestiva dei contenuti delle notizie.

Riunioni regolari, discussioni editoriali e canali di comunicazione facilitano la collaborazione e i processi decisionali all'interno della redazione.

Adattabilità e innovazione:

Le redazioni devono adattarsi all'evoluzione delle tendenze, delle tecnologie e delle preferenze del pubblico per rimanere competitive e rilevanti nell'era digitale. L'innovazione e la sperimentazione con nuovi formati, piattaforme e canali di distribuzione dello storytelling sono fondamentali per sostenere il coinvolgimento e la crescita del pubblico.

Nel complesso, la struttura e le dinamiche di una redazione riflettono la cultura, i valori e le priorità editoriali dell'organizzazione. Una collaborazione, una comunicazione e una leadership efficaci sono essenziali per produrre giornalismo di alta qualità e soddisfare le esigenze informative del pubblico.

Collaborare con giornalisti ed editori

La collaborazione con giornalisti ed editori è un aspetto fondamentale per produrre giornalismo di alta qualità e garantire l'accuratezza, l'integrità e la pertinenza delle notizie. Una collaborazione efficace implica comunicazione, coordina-mento e rispetto reciproco tra giornalisti, redattori e altro personale della redazione. Ecco una ripartizione degli elementi chiave coinvolti nella collaborazione con giornalisti ed editori:

Comunicazione:

Una comunicazione aperta e trasparente è essenziale per una collaborazione di successo. Reporter ed editori dovrebbero mantenere canali di comunicazione regolari per discutere gli incarichi, gli aggiornamenti e le scadenze delle storie.

Una comunicazione chiara aiuta a garantire che tutti siano allineati sulla direzione editoriale, sugli angoli della storia e sulle aspettative per ogni incarico.

Sviluppo della storia:

Collaborare allo sviluppo di una storia implica fare brainstorming di idee, identificare argomenti degni di nota e dare forma ad angoli della storia che siano in risonanza con il pubblico.

Reporter ed editori lavorano insieme per perfezionare le idee per le storie, condurre ricerche di base e determinare la portata e il focus di ciascun incarico.

Incarichi e scadenze:

Gli editori assegnano le storie ai giornalisti in base alla loro competenza, interessi e disponibilità. Collaborare sugli incarichi implica stabilire aspettative, scadenze e risultati finali chiari per ogni storia.

I reporter comunicano eventuali sfide o ritardi agli editori e lavorano insieme per superare gli ostacoli e rispettare le scadenze.

Ricerca e verifica dei fatti:

La collaborazione alla ricerca e al controllo dei fatti garantisce l'accuratezza e la credibilità delle notizie. I giornalisti raccolgono informazioni, intervistano fonti e verificano i fatti, mentre gli editori esaminano l'accuratezza e la coerenza del contenuto.

I fact-checker possono anche essere coinvolti nella verifica delle informazioni e nella conferma delle fonti per garantire che la storia soddisfi gli standard giornalistici.

Modifica e feedback:

Gli editori forniscono feedback e guida costruttivi ai giornalisti durante tutto il processo di scrittura. Ciò può includere suggerimenti per migliorare la chiarezza, la struttura e le tecniche di narrazione.

I giornalisti incorporano il feedback degli editori nelle loro bozze, rivedendo e perfezionando il contenuto secondo necessità per rafforzare la narrativa e migliorare la leggibilità.

Collaborazione sui contenuti multimediali:

Nel giornalismo multimediale, la collaborazione si estende alla produzione di contenuti visivi e multimediali per accompagnare le notizie. Redattori visivi, fotografi, operatori video e grafici collaborano con giornalisti ed editori per creare elementi visivi accattivanti che migliorano la narrazione.

Gli editori garantiscono che il contenuto visivo sia in linea con la narrazione e rafforzi i messaggi chiave mantenendo gli standard editoriali.

Revisione finale e pubblicazione:

Prima della pubblicazione, giornalisti ed editori collaborano alla revisione finale e al controllo di qualità per garantire che la storia soddisfi le linee guida editoriali, i requisiti di stile e gli standard etici.

Gli editori esaminano il contenuto per verificarne l'accuratezza, l'equità e la conformità legale, apportando eventuali revisioni o correzioni necessarie prima di pubblicare la storia.

Una collaborazione efficace tra giornalisti ed editori è essenziale per produrre un giornalismo accurato, avvincente e di grande impatto. Lavorando insieme a stretto contatto, i giornalisti possono sfruttare le rispettive capacità, competenze e intuizioni per fornire notizie che informano, coinvolgono e ispirano il pubblico.

Scadenze e pressioni in redazione

Le scadenze e le pressioni nella redazione si riferiscono ai vincoli di tempo, alle richieste e alle aspettative imposte a giornalisti, redattori e personale della redazione per produrre e fornire contenuti di notizie entro tempi ristretti e in circostanze difficili. Ecco una ripartizione delle scadenze e delle pressioni in redazione:

Vincoli temporali:

Le redazioni operano con scadenze rigorose, spesso richiedendo ai giornalisti di raccogliere, verificare e riportare notizie in tempi ristretti.

I cicli di notizie quotidiane, gli aggiornamenti orari e le ultime notizie richiedono tempi di risposta rapidi e tempi rapidi per lo sviluppo e la pubblicazione delle storie.

Ultime notizie:

Gli eventi dell'ultima ora, come disastri naturali, sviluppi politici o gravi incidenti, richiedono attenzione e copertura immediate da parte dei giornalisti.

Reporter ed editori devono lavorare rapidamente per raccogliere informazioni, verificare fatti e fornire aggiornamenti tempestivi al pubblico, spesso lavorando sotto forte pressione per fornire una copertura delle notizie accurata e affidabile.

Competizione e scoop:

In un panorama mediatico competitivo, le testate giornalistiche si sforzano di essere le prime a raccontare storie importanti o a scoprire informazioni esclusive.

I giornalisti subiscono pressioni per assicurarsi scoop ed esclusive, spingendoli a lavorare in modo efficiente e diligente per ricercare, indagare e riportare notizie prima dei loro concorrenti.

Incarichi multipli:

I giornalisti spesso si destreggiano tra più incarichi e scadenze contemporaneamente, coprendo vari argomenti, ritmi o eventi.

Gestire le priorità concorrenti e allocare il tempo in modo efficace diventa essenziale affinché i giornalisti rispettino le scadenze e forniscano giornalismo di qualità in tutti i loro incarichi.

Ciclo di notizie 24 ore su 24, 7 giorni su 7:

Con l'avvento dei media digitali e delle piattaforme di notizie online, il ciclo delle notizie funziona 24 ore su 24, con una domanda costante di nuovi contenuti e aggiornamenti.

I giornalisti devono essere pronti a lavorare senza sosta, anche di sera, nei fine settimana e nei giorni festivi, per coprire le ultime notizie, aggiornare le storie e interagire con il pubblico in tempo reale.

Standard editoriali e controllo di qualità:

Nonostante i tempi stretti, le testate giornalistiche rispettano gli standard editoriali e le linee guida etiche per garantire l'accuratezza, l'equità e l'integrità dei loro resoconti.

Giornalisti ed editori devono aderire a rigorosi processi di verifica dei fatti, verificare le fonti e mantenere standard professionali, anche in tempi ravvicinati.

Aspettative e responsabilità del pubblico:

Le redazioni sono responsabili nei confronti del proprio pubblico per fornire una copertura delle notizie tempestiva, pertinente e affidabile.

I giornalisti devono affrontare la pressione di soddisfare le aspettative del pubblico in termini di reportage accurati, completi e approfonditi, bilanciando l'esigenza di velocità con l'imperativo di mantenere qualità e credibilità.

Stress e burnout:

Il ritmo incessante e la pressione della redazione possono mettere a dura prova la salute mentale e il benessere dei giornalisti.

Lunghe ore, scadenze ravvicinate ed esposizione a eventi traumatici possono contribuire allo stress, al burnout e all'esaurimento emotivo tra i giornalisti, evidenziando l'importanza della cura di sé e dei meccanismi di supporto all'interno della redazione.

Affrontare scadenze e pressioni in redazione richiede resilienza, adattabilità e capacità di gestione del tempo efficaci. Dando priorità ai compiti, rimanendo organizzati e collaborando con i colleghi, i giornalisti possono soddisfare le esigenze del frenetico ambiente mediatico rispettando al tempo stesso gli standard giornalistici e offrendo una copertura di notizie di grande impatto al loro pubblico.

*****

Capitolo 6

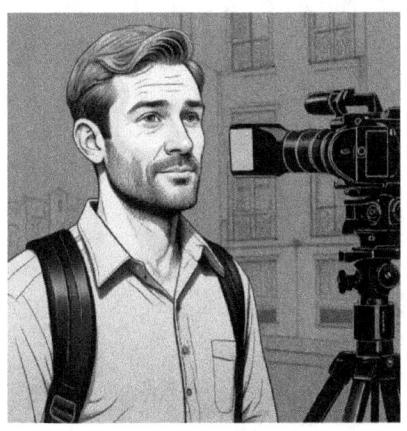

Considerazioni legali ed etiche

Le considerazioni legali ed etiche nel fotogiornalismo comprendono le regole, i regolamenti e i principi morali che guidano la pratica di acquisire, modificare e pubblicare fotografie in un contesto giornalistico. Queste considerazioni garantiscono che i fotoreporter operino entro i limiti della legge e sostengano l'integrità della loro professione.

Considerazioni legali:

Diritto d'autore e proprietà intellettuale:

Proprietà: i fotografi in genere possiedono il copyright delle loro immagini. Comprendere e rispettare le leggi sul diritto d'autore è essenziale per proteggere il proprio lavoro ed evitare violazioni.

Licenza: ottenere licenze adeguate per l'utilizzo delle immagini di qualcun altro e garantire che le proprie immagini siano concesse correttamente in licenza ad altri.

Violazione della privacy:

Aspettativa di privacy: rispetto della privacy degli individui, in particolare nei luoghi in cui hanno una ragionevole aspettativa di privacy, come case o riunioni private.

Spazi pubblici e privati: conoscere le distinzioni legali tra spazi pubblici e privati e i corrispondenti diritti di fotografare.

Consensi e liberatorie:

Liberatorie modello: ottenere liberatorie modello firmate quando si fotografano individui per scopi commerciali.

Consenso informato: garantire che i soggetti siano consapevoli di essere fotografati e comprendano come verranno utilizzate le immagini.

Diffamazione:

Evitare la diffamazione: garantire che le immagini e le didascalie di accompagnamento non rappresentino falsamente gli individui in un modo che potrebbe danneggiare la loro reputazione.

Diritti di pubblicazione:

Uso editoriale: distinguere tra uso editoriale (notizie, commenti) e uso commerciale (pubblicità, promozione) e ottenere le autorizzazioni appropriate per ciascuno.

Considerazioni etiche:

Accuratezza e veridicità:

Autenticità: presentare immagini in modo veritiero senza manipolazioni che alterino la scena o fuorviano il pubblico.

Didascalie: fornire didascalie accurate e informative che diano contesto all'immagine.

Obiettività e pregiudizi:

Imparzialità: ricercare l'obiettività ed evitare immagini che distorcano ingiustamente la storia.

Evitare gli stereotipi: essere attenti a non perpetuare stereotipi o pregiudizi attraverso le scelte fotografiche.

Sensibilità e rispetto:

Soggetti vulnerabili: trattare i soggetti con dignità e rispetto, soprattutto quelli in situazioni vulnerabili (ad esempio, vittime di violenza, tragedia).

Contenuto grafico: esercitare discrezione nel pubblicare immagini grafiche o angoscianti, considerando l'impatto sul pubblico e la dignità delle persone raffigurate.

Manipolazione e modifica:

Modifica minima: mantenere la post-elaborazione al minimo per mantenere l'integrità della scena originale.

Divulgazione: essere trasparenti su eventuali modifiche significative apportate alle immagini.

Conflitto d'interesse:

Indipendenza: evitare situazioni in cui interessi personali o finanziari potrebbero influenzare l'integrità giornalistica.

Trasparenza: rivelare eventuali conflitti di interessi che potrebbero influenzare la percezione del lavoro.

Linee guida professionali:

Codici di condotta:

Standard giornalistici: aderire ai codici di condotta ed etica stabiliti come delineato dalle organizzazioni professionali (ad esempio, Associazione nazionale dei fotografi della stampa, Federazione internazionale dei giornalisti).

Politiche editoriali:

Standard organizzativi: seguire le linee guida e le politiche etiche specifiche stabilite dal proprio datore di lavoro o pubblicazione.

Revisione tra pari:

Responsabilità: essere aperti alla critica e alla revisione da parte dei colleghi per sostenere gli standard etici.

Applicazioni nel mondo reale:

Fotogiornalismo nelle zone di conflitto:

Gestione del rischio: comprendere le implicazioni legali del fotografare in aree di conflitto e adottare misure per garantire la sicurezza personale e dei soggetti.

Censura e propaganda: affrontare i problemi di censura ed evitare di essere utilizzati come strumento di propaganda.

Documentare le questioni sociali:

Responsabilità sociale: garantire che le immagini delle questioni sociali siano rispettose e non sfruttino o emarginino ulteriormente i gruppi vulnerabili.

Patrocinio e neutralità: bilanciare il ruolo del patrocinio con la necessità di neutralità giornalistica.

Impatto dei media digitali:

Contenuto virale:

Verifica: garantire che le immagini virali siano verificate e rappresentino accuratamente gli eventi rappresentati.

Responsabilità: considerare l'impatto a lungo termine di immagini ampiamente condivise su individui e comunità.

Social media:

Condivisione etica: aderire agli standard etici quando si condividono immagini sulle piattaforme di social media, rispettando la privacy ed evitando il sensazionalismo.

Conclusione: le considerazioni legali ed etiche sono fondamentali per la pratica del fotogiornalismo. Aiutano a mantenere la fiducia del pubblico, a proteggere i diritti dei soggetti e a garantire che i fotoreporter operino con integrità e professionalità. Comprendere e aderire a questi principi è fondamentale per produrre un lavoro che non sia solo legalmente conforme ma anche eticamente corretto e rispettoso delle persone e degli eventi documentati.

Diritto d'autore e diritti di proprietà intellettuale

Il copyright e i diritti di proprietà intellettuale si riferiscono alle tutele legali concesse ai creatori di opere originali, comprese le espressioni letterarie, artistiche, musicali e altre espressioni creative. Questi diritti garantiscono ai creatori il controllo esclusivo sull'uso e sulla distribuzione delle loro opere, impedendo la copia, la distribuzione o lo sfruttamento non autorizzati da parte di altri. Ecco una ripartizione dei diritti d'autore e di proprietà intellettuale:

Diritto d'autore:

Il copyright è un concetto legale che garantisce ai creatori diritti esclusivi sulle loro opere originali, proteggendole dalla copia, distribuzione, adattamento e sfruttamento non autorizzati da parte di altri.

Il copyright si applica a varie forme di espressione creativa, tra cui opere letterarie (libri, articoli, poesie), arti visive (fotografie, dipinti, illustrazioni), musica, film e software per computer.

Nella maggior parte delle giurisdizioni, la protezione del copyright è automatica al momento della creazione dell'opera, fornendo ai creatori i diritti esclusivi di riprodurre, distribuire, visualizzare, eseguire e creare opere derivate basate sulle loro creazioni originali.

La durata del copyright varia a seconda della giurisdizione, ma in genere dura per tutta la vita dell'autore più un certo numero di anni (ad esempio, 70 anni dopo la morte dell'autore).

Diritti protetti dal diritto d'autore:

Il copyright garantisce ai creatori un insieme di diritti esclusivi, tra cui:

Diritto di riproduzione: diritto di riprodurre l'opera in copie o registrazioni sonore.

Diritto di distribuzione: diritto di distribuire al pubblico copie dell'opera.

Diritto di esecuzione pubblica: diritto di eseguire l'opera in pubblico (ad es. concerti musicali, spettacoli teatrali).

Diritto di esposizione pubblica: il diritto di esporre l'opera pubblicamente (ad esempio, mostre d'arte, post su siti web).

Diritto di opere derivate: il diritto di creare opere derivate basate sull'opera originale (ad esempio adattamenti, traduzioni, seguiti).

Utilizzo corretto ed eccezioni:

Il fair use è una dottrina legale che consente un uso limitato di materiale protetto da copyright senza il permesso del proprietario del copyright, in determinate circostanze come critiche, commenti, notizie, insegnamento, borse di studio o ricerche.

Le considerazioni sul fair use includono lo scopo e il carattere dell'uso, la natura dell'opera protetta da copyright, la quantità e la sostanzialità della porzione utilizzata e l'effetto dell'uso sul mercato potenziale dell'opera protetta da copyright.

Altre eccezioni alla protezione del copyright possono includere opere di pubblico dominio, opere governative ed eccezioni statutarie specifiche per uso didattico o senza scopo di lucro.

Diritti di proprietà intellettuale:

I diritti di proprietà intellettuale (PI) comprendono tutele legali più ampie per i beni immateriali, inclusi copyright, brevetti, marchi e segreti commerciali.

Oltre al copyright, altri tipi di diritti di proprietà intellettuale includono:

Brevetti: Concede diritti esclusivi agli inventori per invenzioni, processi o progetti nuovi e utili.

Marchi commerciali: protegge simboli, nomi, loghi e slogan utilizzati per identificare e distinguere beni o servizi in commercio.

Segreti commerciali: proteggono informazioni riservate, formule, processi o tecniche che forniscono un vantaggio competitivo alle aziende.

Esecuzione e rimedi:

I diritti d'autore e di proprietà intellettuale vengono applicati attraverso meccanismi legali, tra cui contenziosi civili, ingiunzioni e danni per violazione.

I rimedi per la violazione del copyright possono includere danni monetari, ingiunzioni a cessare le attività illecite e il sequestro o la distruzione delle copie illecite.

Le agenzie di controllo, i collettivi sul diritto d'autore e i trattati internazionali come la Convenzione di Berna e l'Organizzazione mondiale per la proprietà intellettuale (OMPI) facilitano la cooperazione globale e l'applicazione dei diritti di proprietà intellettuale.

La protezione e il rispetto dei diritti d'autore e di proprietà intellettuale sono essenziali per promuovere la creatività, l'innovazione e l'espressione culturale, garantendo al contempo un giusto compenso e riconoscimento ai creatori. Comprendendo e sostenendo questi diritti, gli individui e le organizzazioni possono contribuire a un ecosistema creativo vivace e sostenibile.

L'invasione della privacy e del consenso

Per violazione della privacy si intende l'intrusione non autorizzata negli affari privati di un individuo o la divulgazione pubblica di informazioni private senza il consenso della persona. La privacy è un diritto umano fondamentale che comprende vari aspetti dell'autonomia personale, della dignità e della libertà da intrusioni indesiderate. Ecco una ripartizione dell'invasione della privacy e del consenso:

Tipologie di violazione della Privacy:

La violazione della privacy può manifestarsi in diverse forme, tra cui:

Intrusione: intrusione fisica o tecnologica non autorizzata nello spazio privato di un individuo, come sorveglianza, intercettazione o violazione di domicilio.

Divulgazione pubblica di fatti privati: diffusione o pubblicazione non autorizzata di informazioni private su un individuo, comprese relazioni personali, storia medica, stato finanziario o altri dettagli sensibili.

Falsa luce: rappresentare un individuo in modo falso o fuorviante che sarebbe altamente offensivo per una persona ragionevole.

Appropriazione: uso non autorizzato del nome, delle sembianze, dell'immagine o dell'identità di un individuo per guadagno commerciale o esposizione pubblica senza consenso.

Aspettativa di privacy:

L'aspettativa di privacy varia a seconda del contesto e delle circostanze. Alcuni spazi e attività, come la propria casa, le comunicazioni personali o le cartelle cliniche, sono generalmente considerati privati e protetti da intrusioni non autorizzate.

Gli individui hanno una ragionevole aspettativa di privacy nelle aree in cui hanno un legittimo interesse a mantenere la riservatezza e il controllo sulle informazioni personali.

Consenso:

Il consenso è un principio centrale nel rispetto del diritto alla privacy e dell'autonomia personale. Implica l'accordo volontario o il permesso concesso da un individuo per azioni specifiche, come la condivisione di informazioni personali, l'accesso a spazi privati o l'utilizzo delle sembianze di qualcuno.

Il consenso informato richiede che le persone abbiano una chiara comprensione dello scopo, della portata e delle potenziali conseguenze del loro consenso prima di fornirlo.

Il consenso dovrebbe essere dato liberamente, senza coercizione, manipolazione o inganno, e può essere revocato in qualsiasi momento se l'individuo sceglie di revocarlo.

Tutele legali:

Le protezioni legali contro l'invasione della privacy variano a seconda della giurisdizione e possono includere leggi statutarie, regolamenti, principi di diritto comune e diritti costituzionali.

Le leggi sulla privacy possono disciplinare aree quali la protezione dei dati, la sorveglianza elettronica, la privacy sanitaria, la privacy dei consumatori e l'etica dei media.

Le violazioni del diritto alla privacy possono comportare cause civili, accuse penali, multe, ingiunzioni o altri rimedi legali a seconda della gravità e dell'impatto dell'intrusione.

Considerazioni etiche:

Il rispetto del diritto alla privacy non è solo un obbligo legale ma anche un imperativo etico. Giornalisti, ricercatori, aziende e individui dovrebbero considerare le implicazioni etiche delle loro azioni e cercare di ridurre al minimo i danni e sostenere la dignità e il rispetto della privacy.

Linee guida etiche, codici di condotta e migliori pratiche promuovono la trasparenza, la responsabilità e l'uso responsabile delle informazioni personali in vari contesti.

Bilanciare privacy e interesse pubblico:

In alcuni casi, i diritti alla privacy possono entrare in conflitto con l'interesse pubblico, come in questioni di pubblica sicurezza, sicurezza nazionale o giornalismo investigativo.

Trovare un equilibrio tra le preoccupazioni sulla privacy e il diritto del pubblico ad essere informato richiede un'attenta considerazione dei fatti, dei principi etici e degli standard legali per garantire che qualsiasi intrusione nella privacy sia giustificata, proporzionata e rispettosa dei diritti individuali.

In sintesi, l'invasione della privacy si verifica quando i confini personali vengono violati senza consenso e comprende varie forme di intrusione, divulgazione o sfruttamento di informazioni private. Il rispetto del diritto alla privacy e l'ottenimento del consenso informato sono principi essenziali per salvaguardare l'autonomia personale, la dignità e la fiducia nelle relazioni e nella società.

Il processo decisionale etico nel fotogiornalismo

Il processo decisionale etico nel fotogiornalismo implica affrontare complessi dilemmi morali e fare scelte informate che sostengano l'integrità giornalistica, il rispetto dei diritti degli individui e il diritto del pubblico ad essere informato. I fotoreporter affrontano sfide etiche uniche a causa del potere delle immagini visive e del potenziale impatto del loro lavoro su soggetti, spettatori e società. Ecco una ripartizione del processo decisionale etico nel fotogiornalismo:

Accuratezza e veridicità:

I fotoreporter hanno la responsabilità di rappresentare in modo accurato e veritiero eventi, soggetti e contesti nelle loro immagini. Dovrebbero evitare tecniche fuorvianti o manipolative che distorcano la realtà della scena.

Il fotogiornalismo etico implica presentare le immagini nel contesto, fornire didascalie accurate ed evitare modifiche o ritagli selettivi che alterino il significato o l'interpretazione della fotografia.

Rispetto della dignità e della privacy dei soggetti:

I fotoreporter dovrebbero rispettare la dignità, la privacy e i diritti degli individui raffigurati nelle loro immagini. Dovrebbero ottenere il consenso informato quando possibile ed esercitare sensibilità e discrezione quando fotografano soggetti vulnerabili o sensibili.

Le considerazioni etiche includono l'ottenimento del permesso di fotografare individui in spazi privati, il rispetto delle norme e delle sensibilità culturali e l'astensione dallo sfruttare o sensazionalizzare tragedie o sofferenze.

Obiettività e imparzialità:

I fotoreporter si sforzano di mantenere l'obiettività e l'imparzialità nel loro lavoro, evitando pregiudizi, manipolazioni o sostegno che minano la credibilità delle loro immagini.

Il processo decisionale etico implica la presentazione di prospettive diverse, l'evitamento di conflitti di interessi e la rivelazione di eventuali affiliazioni personali o professionali che potrebbero influenzare l'interpretazione della fotografia.

Integrità contestuale:

Il fotogiornalismo etico richiede di fornire informazioni di contesto e di base per migliorare la comprensione e l'interpretazione dell'immagine. Le fotografie dovrebbero riflettere accuratamente il contesto sociale, culturale e storico in cui sono state scattate.

I fotoreporter dovrebbero evitare il sensazionalismo, l'esagerazione o la distorsione degli eventi per evocare risposte emotive senza fornire il contesto o le sfumature necessarie.

Minimizzazione del danno:

I fotoreporter dovrebbero considerare il potenziale impatto delle loro immagini su soggetti, spettatori e comunità e sforzarsi di ridurre al minimo i danni quando possibile.

Il processo decisionale etico implica valutare l'interesse pubblico per la storia rispetto al potenziale danno per le persone raffigurate nella fotografia. I fotoreporter dovrebbero esercitare empatia, sensibilità e moderazione nel documentare eventi sensibili o traumatici.

Trasparenza e responsabilità:

Il fotogiornalismo etico richiede trasparenza e responsabilità nella creazione, selezione e diffusione delle immagini. I fotoreporter dovrebbero rivelare eventuali manipolazioni, alterazioni o elementi messi in scena che potrebbero compromettere l'integrità della fotografia.

Le organizzazioni giornalistiche dovrebbero stabilire politiche editoriali chiare, linee guida etiche e meccanismi di responsabilità per garantire che gli standard etici siano rispettati nella pratica del fotogiornalismo.

Riflessione e apprendimento continui:

Il processo decisionale etico nel fotogiornalismo è un processo continuo che richiede riflessione critica, autoconsapevolezza e impegno per lo sviluppo professionale.

I fotoreporter dovrebbero impegnarsi in discussioni etiche, chiedere feedback a colleghi e mentori e rimanere informati sull'evoluzione degli standard etici e delle migliori pratiche nel settore.

Aderendo ai principi etici e considerando le implicazioni etiche più ampie del loro lavoro, i fotoreporter possono sostenere l'integrità della loro professione, promuovere la fiducia del pubblico e contribuire a una società più informata, compassionevole ed etica.

L'arte e il Mestiere del Fotoreporter

*****

Capitolo 7

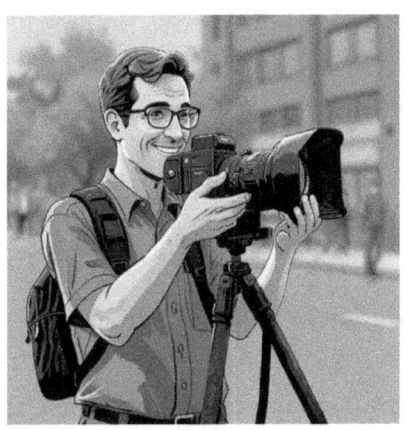

DOCUMENTARI E LUNGOMETRAGGI

La fotografia documentaristica e quella di lungometraggio sono due generi distinti all'interno del fotogiornalismo che si concentrano sulla cattura di eventi, persone e storie della vita reale. La fotografia documentaria mira a fornire una rappresentazione fattuale e accurata della realtà, spesso concentrandosi su questioni sociali, culturali e storiche. La fotografia caratteristica, d'altra parte, implica una narrazione più creativa e approfondita, evidenziando aspetti unici di un soggetto o evento con un approccio più narrativo e spesso più artistico.

Fotografia documentaristica:

Obbiettivo:

Documentare e presentare la realtà in modo imparziale e accurato.

Sensibilizzare sui temi sociali, culturali e ambientali.

Caratteristiche:

Realismo: enfasi sull'autenticità e cattura dei momenti così come accadono senza interferenze.

Cronaca degli eventi: spesso implica progetti a lungo termine per raccontare eventi, cambiamenti o sviluppi nel tempo.

Impatto sociale: mira a evocare una risposta o determinare un cambiamento evidenziando questioni importanti.

Tecniche:

Scatti spontanei: catturare momenti non posati e spontanei.

Dettagli contestuali: fornire contesto attraverso scatti grandangolari e primi piani dettagliati.

Modifica minima: post-elaborazione limitata per mantenere l'integrità della scena originale.

Applicazioni:

Saggi fotografici: serie di immagini che insieme raccontano una storia completa.

Mostre: spesso esposte nelle gallerie per educare e informare il pubblico.

Pubblicazioni: presente su riviste, giornali e libri di reportage.

Fotografia in evidenza:

Obbiettivo:

Raccontare una storia avvincente con un approccio più narrativo e artistico.

Per evidenziare gli aspetti di interesse umano di un argomento o evento.

Caratteristiche:

Storytelling: si concentra su una struttura narrativa, spesso esplorando un tema o un argomento in profondità.

Creatività: maggiore enfasi sulla composizione artistica e sull'espressione creativa.

Coinvolgimento: progettato per affascinare e coinvolgere emotivamente il pubblico.

Tecniche:

Riprese in scena: a volte comportano l'allestimento di scene o la posa di soggetti per migliorare la narrazione.

Illuminazione e composizione: utilizza tecniche di illuminazione creative e una composizione ponderata per migliorare l'attrattiva visiva.

Modifica dettagliata: post-elaborazione più estesa per migliorare l'impatto visivo ed emotivo delle immagini.

Applicazioni:

Caratteristiche della rivista: funzionalità fotografiche approfondite per riviste di lifestyle, viaggi e culturali.

Libri: libri da tavolino che esplorano temi o argomenti specifici attraverso la narrazione visiva.

Media digitali: piattaforme online che utilizzano elementi multimediali come video e grafica interattiva per integrare la narrazione fotografica.

Sovrapposizioni e distinzioni:

Sovrapposizione:

Entrambi i generi mirano a informare e coinvolgere il pubblico attraverso immagini potenti.

Entrambi possono essere utilizzati per evidenziare questioni sociali, esperienze umane e fenomeni culturali.

Distinzioni:

La fotografia documentaristica dà priorità alla rappresentazione fattuale e spesso si astiene da un editing pesante, mentre la fotografia caratteristica abbraccia l'espressione creativa e la profondità narrativa.

La fotografia caratteristica può includere elementi messi in scena o in posa per migliorare la narrazione, mentre la fotografia documentaristica in genere evita tali interventi per mantenere l'autenticità.

Considerazioni etiche:

Fotografia documentaristica:

Veridicità: mantenere l'accuratezza e non fuorviare il pubblico con scene alterate o messe in scena.

Rispetto dei soggetti: garantire la dignità e il consenso dei soggetti, soprattutto in situazioni vulnerabili.

Fotografia in evidenza:

Integrità artistica: bilanciare l'espressione creativa con considerazioni etiche, evitando il sensazionalismo.

Trasparenza: essere chiari con il pubblico sulla natura di eventuali elementi messi in scena o pesantemente modificati.

Esempi e professionisti:

Fotografia documentaristica:

Dorothea Lange: nota per il suo lavoro durante la Grande Depressione, che cattura le lotte degli agricoltori americani.

Sebastião Salgado: noto per i suoi progetti a lungo termine che documentano questioni sociali globali.

Fotografia in evidenza:

Annie Leibovitz: famosa per i suoi ritratti altamente stilizzati e concettuali di celebrità.

Steve McCurry: noto per le sue immagini vivide e avvincenti che spesso raccontano storie intricate sui soggetti e sui loro ambienti.

La fotografia documentaristica e quella di lungometraggio sono generi essenziali nel campo più ampio del fotogiornalismo, ciascuno con uno scopo unico. La fotografia documentaria si concentra sulla fornitura di una rappresentazione accurata e fattuale della realtà, spesso con l'obiettivo di informare e guidare il cambiamento sociale. La fotografia caratteristica, d'altra parte, utilizza tecniche creative e narrative per coinvolgere e affascinare il pubblico, spesso esplorando i soggetti in modo più artistico e approfondito. Entrambi i generi richiedono una solida base etica e un occhio attento per la narrazione, che li rendono strumenti potenti per la comunicazione visiva e l'impatto.

Narrazione di lunga durata

Lo storytelling di lunga durata si riferisce a una tecnica narrativa che prevede l'esplorazione approfondita di un argomento o di una storia per un periodo prolungato, in genere comprendendo migliaia di parole o più capitoli. A differenza della narrazione in forma breve, che mira a fornire informazioni in modo conciso e rapido, la narrazione in forma lunga consente un'esplorazione più profonda di personaggi, temi e trame, fornendo ai lettori un'esperienza narrativa ricca e coinvolgente. Ecco una ripartizione della narrazione in forma lunga:

Lunghezza e formato:

Lo storytelling di lunga durata comprende narrazioni scritte, articoli, saggi o presentazioni multimediali di lunghezza maggiore e di portata più completa rispetto ai tradizionali articoli di notizie o post di blog.

Le storie di lunga durata spesso superano il numero di parole convenzionale, che va da diverse migliaia a decine di migliaia di parole, e possono essere presentate come pezzi indipendenti o serializzate in più puntate.

Profondità e complessità:

La narrazione di lunga durata offre ampio spazio e tempo per approfondire le complessità di una storia, esplorando in profondità il background, le motivazioni e le relazioni dei personaggi.

Temi complessi, conflitti e trame possono essere esplorati in maggiore dettaglio, consentendo analisi e commenti sfumati su un'ampia gamma di argomenti, dalla politica e cultura alla scienza e alle storie di interesse umano.

Struttura narrativa e ritmo:

Le storie di lunga durata seguono tipicamente una struttura narrativa che include esposizione, azione crescente, climax e risoluzione, simile ai formati di narrazione tradizionali.

Il ritmo nella narrazione di lunga durata può essere più deliberato e misurato, consentendo uno sviluppo graduale della trama e degli archi dei personaggi e creando suspense, tensione o risonanza emotiva nel tempo.

Ricerca e reporting:

Lo storytelling di lunga durata spesso comporta ricerche, indagini e resoconti approfonditi per scoprire fatti, raccogliere dati e intervistare fonti.

Giornalisti, scrittori e narratori possono trascorrere settimane, mesi o addirittura anni ricercando e raccogliendo materiale per storie di lunga durata, conducendo interviste e verificando le informazioni per garantire accuratezza e credibilità.

Tecniche e dispositivi narrativi:

Lo storytelling di lunga durata utilizza una varietà di tecniche narrative e dispositivi letterari per coinvolgere i lettori e migliorare la narrazione. Questi possono includere descri-zioni vivide, dettagli sensoriali, dialoghi, prefigurazioni, flashback, simbolismo e motivi tematici.

Gli scrittori possono sperimentare la voce narrativa, la prospettiva e la struttura per creare uno stile narrativo distintivo che risuoni con i lettori e dia vita alla storia.

Coinvolgimento e impatto del pubblico:

Lo storytelling di lunga durata mira ad affascinare e coinvolgere i lettori attraverso una narrazione coinvolgente, personaggi avvincenti e temi stimolanti.

Offrendo ai lettori una comprensione più profonda di questioni complesse ed esperienze umane, le storie di lunga durata hanno il potenziale per informare, educare, ispirare ed evocare empatia, portando a un maggiore coinvolgimento e impatto del lettore.

Piattaforme e distribuzione:

Le storie di lunga durata possono essere pubblicate in pubblicazioni cartacee, riviste online, riviste letterarie o piattaforme digitali specializzate in giornalismo narrativo e saggistica creativa.

Alcune storie di lunga durata vengono serializzate o pubblicate a puntate, mentre altre sono presentate come servizi o saggi autonomi.

Lo storytelling di lunga durata è apprezzato per la sua capacità di offrire ai lettori un'esperienza narrativa più sfumata, coinvolgente ed emotivamente risonante, consentendo un'esplorazione più profonda di argomenti, temi ed esperienze umane che potrebbero essere trascurate nei formati più brevi. Abbracciando la profondità e la complessità della narrazione di lunga durata, scrittori e giornalisti possono creare narrazioni avvincenti che lasciano un impatto duraturo sul loro pubblico.

La pianificazione e l'esecuzione del progetto

La pianificazione e l'esecuzione del progetto sono il processo di definizione degli obiettivi, identificazione dei compiti, assegnazione delle risorse e coordinamento delle attività per raggiungere obiettivi specifici entro un periodo di tempo e un budget definiti. Implica un'attenta pianificazione, organizzazione e implementazione delle attività per garantire il successo del completamento di un progetto. Ecco una ripartizione della pianificazione e dell'esecuzione del progetto:

Definizione degli obiettivi:

Il primo passo nella pianificazione del progetto è definire chiaramente gli obiettivi, gli scopi e i risultati finali del progetto. Ciò implica identificare ciò che deve essere realizzato e stabilire criteri per il successo.

Definizione dell'ambito:

Determinare l'ambito del progetto delineando i compiti, le attività e le risorse necessarie per raggiungere gli obiettivi. Definire i confini e i limiti del progetto per prevenire lo spostamento dell'ambito e garantire chiarezza.

Identificazione e sequenza delle attività:

Suddividere il progetto in compiti e attività più piccoli e gestibili. Identificare le dipendenze tra le attività e sequenziarle logicamente per garantire un flusso di lavoro regolare.

Allocazione delle risorse:

Identificare le risorse necessarie per completare ciascuna attività, comprese le risorse umane, i materiali, le attrezzature e gli stanziamenti di bilancio. Assegnare le risorse in base ai requisiti e ai vincoli del progetto.

Cronologia e pianificazione:

Sviluppare una sequenza temporale o un programma del progetto che delinei le date di inizio e fine per ciascuna attività e tappa fondamentale. Considera le dipendenze, la disponibilità delle risorse e l'analisi del percorso critico durante la pianificazione delle attività.

Valutazione e gestione del rischio:

Identificare potenziali rischi e incertezze che potrebbero influire sul successo del progetto. Sviluppare strategie di mitigazione del rischio per affrontare e ridurre al minimo questi rischi e stabilire piani di emergenza per gestire eventi imprevisti.

Comunicazione e collaborazione:

Promuovere la comunicazione aperta e la collaborazione tra i membri del team di progetto, le parti interessate e i partner. Stabilire canali per la condivisione di informazioni, aggiornamenti e feedback per garantire allineamento e trasparenza.

Monitoraggio e controllo:

Monitorare l'avanzamento del progetto rispetto alla tempistica, al budget e agli standard di qualità stabiliti. Tieni traccia degli indicatori chiave di prestazione (KPI), delle tappe fondamentali e dei risultati finali per identificare le deviazioni e intraprendere azioni correttive secondo necessità.

Adattamento e flessibilità:

Rimanere adattabile e flessibile durante tutto il ciclo di vita del progetto, poiché potrebbero sorgere cambiamenti o sfide imprevisti. Preparati a modificare i piani, riallocare le risorse o rivedere le tempistiche, se necessario, per mantenere il progetto sulla buona strada.

Valutazione e documentazione:

Valutare le prestazioni del progetto al termine per valutare se gli obiettivi sono stati raggiunti e le lezioni apprese.

Documentare i successi, le sfide e le migliori pratiche per riferimento futuro e miglioramento continuo.

Chiusura e consegna:

Chiudere il progetto finalizzando i risultati finali, conducendo revisioni del progetto e ottenendo approvazioni. Garantire una transizione agevole consegnando il lavoro completato alle parti interessate pertinenti e documentando eventuali attività in sospeso o azioni di follow-up.

Una pianificazione ed esecuzione efficace del progetto richiedono un'attenta attenzione ai dettagli, una gestione proattiva e un approccio collaborativo. Seguendo processi strutturati e best practice, i team di progetto possono massimizzare l'efficienza, minimizzare i rischi e fornire risultati di successo che soddisfano le aspettative delle parti interessate.

Rappresentare esperienze umane e questioni sociali

Rappresentare le esperienze umane e le questioni sociali attraverso vari mezzi, come la letteratura, l'arte, la fotografia, il cinema e il giornalismo, implica catturare e riflettere gli aspetti sfaccettati della condizione umana e le complessità della società. Implica l'esplorazione di temi, emozioni e prospettive che risuonano con gli individui e fanno luce su dinamiche sociali, culturali e politiche più ampie. Ecco una ripartizione della rappresentazione delle esperienze umane e delle questioni sociali:

Comprendere le esperienze umane:

Le esperienze umane comprendono una vasta gamma di emozioni, relazioni, lotte e trionfi che modellano la vita degli individui. Possono includere amore, perdita, gioia, dolore, speranza, paura, resilienza e trasformazione.

Rappresentare le esperienze umane implica entrare in empatia con prospettive diverse, riconoscere le sfumature delle storie individuali e catturare gli aspetti universali delle emozioni e delle lotte umane.

Esplorare le questioni sociali:

Le questioni sociali sono sfide complesse, disparità o ingiustizie che colpiscono comunità, società o nazioni. Possono includere povertà, disuguaglianza, discriminazione, degrado ambientale, disordini politici, disparità sanitarie e violazioni dei diritti umani.

Rappresentare i problemi sociali implica aumentare la consapevolezza, promuovere la comprensione e provocare una riflessione critica sulle cause profonde, sulle conseguenze e sulle potenziali soluzioni a questi problemi.

Empatia e assunzione di prospettiva:

Una rappresentazione efficace delle esperienze umane e delle questioni sociali richiede empatia e assunzione di prospettiva. Artisti, scrittori, giornalisti e registi si sforzano di mettersi nei panni degli altri, comprendere le loro esperienze vissute e trasmettere le loro storie in modo autentico.

Entrando in empatia con prospettive ed esperienze diverse, i creatori possono favorire la compassione, l'empatia e la solidarietà tra il pubblico e promuovere una comprensione più profonda della complessità umana.

Rappresentazione autentica:

La rappresentazione autentica implica ritrarre individui e comunità con dignità, rispetto e accuratezza. Implica catturare la ricchezza della diversità umana, comprese culture, identità, background ed esperienze diverse.

I creatori dovrebbero sforzarsi di evitare stereotipi, caricature e simbolismo e presentare invece personaggi e narrazioni sfumati e multidimensionali che riflettono la complessità dell'identità e dell'esperienza umana.

Commento e critica sociale:

La rappresentazione delle esperienze umane e delle questioni sociali spesso implica commenti e critiche sociali. Scrittori, artisti e registi possono utilizzare il loro lavoro per sfidare le norme prevalenti, denunciare le ingiustizie e sostenere il cambiamento sociale.

Facendo luce sulle disuguaglianze sistemiche, sulle ingiustizie e sulle dinamiche di potere, i creatori possono provocare pensieri, ispirare l'azione e contribuire agli sforzi collettivi per affrontare le questioni sociali e promuovere cambiamenti positivi.

Amplificare le voci emarginate:

Rappresentare le esperienze umane e le questioni sociali implica amplificare le voci e le prospettive delle comunità e degli individui emarginati che sono spesso sottorappresentati o trascurati nelle narrazioni tradizionali.

I creatori dovrebbero sforzarsi di centrare le storie e le esperienze dei gruppi emarginati, fornendo piattaforme affinché le loro voci possano essere ascoltate e le loro lotte vengano riconosciute.

Ispirare empatia e azione:

In definitiva, l'obiettivo di ritrarre le esperienze umane e le questioni sociali è ispirare empatia, compassione e azione. Collegando emotivamente il pubblico alle storie e alle lotte degli altri, i creatori possono motivare le persone a impegnarsi in questioni sociali, sostenere il cambiamento e lavorare per una società più giusta ed equa.

Attraverso una rappresentazione ponderata e autentica delle esperienze umane e delle questioni sociali, i creatori hanno il potere di promuovere l'empatia, sfidare le ipotesi e provocare un dialogo significativo che porta a una trasformazione sociale positiva.

*****

Capitolo 8

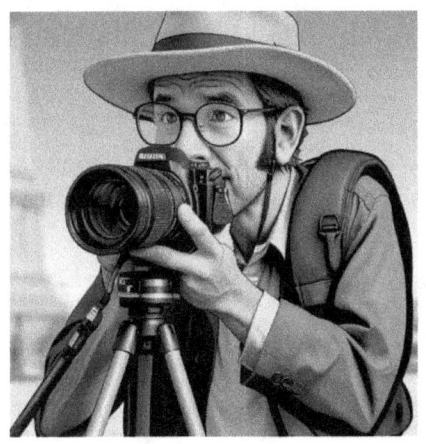

RIPRESE IN AMBIENTI DIFFICILI

Lo scatto in ambienti difficili si riferisce alla pratica di scattare fotografie in condizioni che presentano ostacoli o pericoli significativi per il fotografo. Questi ambienti possono includere condizioni meteorologiche estreme, luoghi pericolosi o situazioni emotivamente cariche. Nonostante le difficoltà, i fotografi si avventurano in questi ambienti per documentare eventi importanti, raccontare storie avvincenti ed evocare risposte emotive da parte del pubblico.

Tipi di ambienti stimolanti:

Condizioni meteorologiche estreme: scattare in condizioni di caldo estremo, freddo, pioggia, neve o vento può comportare sfide fisiche sia per il fotografo che per la sua attrezzatura.

Disastri naturali: documentare eventi come uragani, terremoti, inondazioni e incendi richiede di affrontare condizioni pericolose e di catturarne l'impatto su comunità e individui.

Zone di conflitto: lavorare in aree colpite da guerre, disordini civili o instabilità politica implica affrontare rischi per la sicurezza, inclusa la minaccia di violenza, rapimento o arresto.

Sedi remote: accedere e lavorare in aree remote o isolate, come giungle, deserti, montagne o regioni artiche, presenta sfide logistiche e richiede un'attenta pianificazione e preparazione.

Situazioni delicate: documentare argomenti delicati come povertà, malattie o traumi richiede empatia, discrezione e rispetto per la dignità e la privacy dei soggetti.

Sfide affrontate dai fotografi:

Pericoli fisici: l'esposizione a temperature estreme, terreni accidentati, fauna selvatica o materiali pericolosi può mettere a repentaglio la salute e la sicurezza del fotografo.

Limitazioni tecniche: condizioni di illuminazione difficili, accesso limitato alle fonti di alimentazione e guasti alle apparecchiature possono ostacolare la capacità del fotografo di acquisire immagini di qualità.

Costo emotivo: testimoniare la sofferenza, la tragedia o il conflitto umano può comportare un costo psicologico per il fotografo, richiedendo resilienza e strategie di coping.

Vincoli logistici: risorse limitate, difficoltà di comunicazione e ostacoli burocratici possono complicare i viaggi e la logistica in ambienti difficili.

Strategie per il successo:

Preparazione: una ricerca approfondita, una valutazione del rischio e una preparazione sono essenziali prima di intraprendere una ripresa in un ambiente difficile. Ciò include la raccolta delle attrezzature necessarie, la garanzia delle autorizzazioni e lo sviluppo di piani di emergenza.

La sicurezza prima di tutto: dare sempre priorità alla sicurezza seguendo le migliori pratiche per la protezione personale, rimanendo informati sui potenziali rischi e sapendo quando ritirarsi da situazioni pericolose.

Adattabilità: rimanere flessibili e adattabili di fronte alle mutevoli condizioni, improvvisando soluzioni secondo necessità per superare gli ostacoli e cogliere le opportunità.

Resilienza: sviluppare la resilienza per affrontare le sfide fisiche, emotive e logistiche incontrate durante le riprese, attingendo alla forza interiore e alle reti di supporto.

Sensibilità etica: mantenere gli standard etici e il rispetto della dignità e dei diritti dei soggetti, anche nelle circostanze più difficili.

Considerazioni sull'attrezzatura:

Attrezzatura robusta: investi in attrezzature fotografiche durevoli e resistenti alle intemperie, progettate per resistere a condizioni difficili, come umidità, polvere e urti.

Sistemi di backup: trasportare batterie di backup, schede di memoria e apparecchiature ridondanti per mitigare il rischio di guasti tecnici.

Protezione: utilizzare dispositivi di protezione come coperture impermeabili, paraluce e filtri UV per proteggere l'apparecchiatura da eventuali danni.

Approccio minimalista: viaggia leggero e trasporta solo l'attrezzatura essenziale per ridurre al minimo lo sforzo fisico e massimizzare la mobilità in ambienti difficili.

Responsabilità etiche:

Consenso informato: ottenere il consenso informato dei soggetti prima di fotografarli, soprattutto in situazioni sensibili o vulnerabili, e rispettare il loro diritto alla privacy e alla dignità.

Accuratezza e veridicità: garantire che le immagini rappresentino accuratamente la realtà della situazione senza eventi fuorvianti o sensazionalistici a scopo di effetto drammatico.

Sensibilità culturale: rispettare le norme, le tradizioni e la sensibilità culturali quando si documentano comunità e individui in ambienti difficili, evitando stereotipi o sfruttamento.

Scattare in ambienti difficili richiede coraggio, resilienza e responsabilità etica da parte dei fotografi. Nonostante i rischi e gli ostacoli coinvolti, catturare immagini in questi contesti può far luce su questioni importanti, amplificare le voci emarginate ed evocare empatia e comprensione da parte del pubblico di tutto il mondo. Dando priorità alla sicurezza, alla preparazione, all'adattabilità e alla sensibilità etica, i fotografi possono navigare in questi ambienti in modo responsabile, producendo al tempo stesso una narrazione visiva avvincente e di grande impatto.

Gestione delle zone di conflitto e delle situazioni di crisi

Gestire zone di conflitto e situazioni di crisi implica navigare in ambienti complessi e spesso pericolosi per riferire sugli eventi che si stanno verificando in aree colpite da conflitti armati, instabilità politica, disastri naturali o crisi umanitarie. Giornalisti e professionisti dei media affrontano rischi significativi mentre coprono tali situazioni, comprese minacce alla sicurezza personale, censura, intimidazioni e traumi. Ecco una ripartizione della gestione delle zone di conflitto e delle situazioni di crisi:

Valutazione e preparazione del rischio:

Prima di entrare in una zona di conflitto o di crisi, i giornalisti devono condurre valutazioni approfondite del rischio per identificare potenziali minacce, pericoli e problemi di sicurezza.

Ciò comporta la ricerca del contesto politico, sociale e culturale della regione, la comprensione delle dinamiche del conflitto o della crisi e la valutazione del livello di pericolo e instabilità.

Protocolli di sicurezza e protezione:

I giornalisti dovrebbero aderire a rigorosi protocolli di sicurezza e protezione per mitigare i rischi e garantire il loro benessere in ambienti pericolosi.

Ciò include l'ottenimento di permessi e autorizzazioni pertinenti, la definizione di protocolli di comunicazione con colleghi e contatti, la garanzia di alloggi e trasporti sicuri e il trasporto di attrezzature di sicurezza essenziali come kit di pronto soccorso, dispositivi di protezione e forniture di emergenza.

Consapevolezza situazionale e adattabilità:

Mantenere la consapevolezza della situazione è fondamentale per i giornalisti che operano in zone di conflitto e situazioni di crisi. Devono rimanere vigili, attenti e adattabili alle mutevoli circostanze e alle potenziali minacce.

I giornalisti dovrebbero valutare continuamente l'ambiente circostante, monitorare gli sviluppi nell'area ed essere pronti a modificare i loro piani o a evacuare se la situazione peggiora.

Costruire fiducia e rapporti:

Stabilire fiducia e rapporti con le comunità locali, le fonti e le parti interessate è essenziale per i giornalisti che operano nelle zone di conflitto. Costruire relazioni basate sul rispetto, sull'empatia e sulla trasparenza può aiutare a garantire l'accesso alle informazioni, mitigare i rischi e favorire la comprensione reciproca.

I giornalisti dovrebbero ascoltare le preoccupazioni e le prospettive dei residenti locali, chiedere il loro contributo e dare priorità alla loro sicurezza e al loro benessere nei loro reportage.

Considerazioni etiche:

I giornalisti devono aderire ai principi etici e agli standard professionali mentre riferiscono da zone di conflitto e situazioni di crisi. Ciò include il mantenimento dell'accuratezza, dell'equità e dell'equilibrio nelle loro segnalazioni, il rispetto della dignità e della privacy degli individui e la riduzione al minimo dei danni alle popolazioni vulnerabili.

Il processo decisionale etico è particolarmente importante quando si tratta di eventi sensibili o traumatici, come atti di violenza, sfollamenti o crisi umanitarie.

Consapevolezza del trauma e cura di sé:

Fare reportage da zone di conflitto e situazioni di crisi può mettere a dura prova il benessere mentale ed emotivo dei giornalisti. È essenziale che i giornalisti riconoscano i segni del trauma, pratichino la cura di sé e cerchino supporto quando necessario.

Ciò può comportare sessioni di debriefing, servizi di consulenza, reti di supporto tra pari e accesso a risorse per affrontare stress, ansia o disturbo da stress post-traumatico.

Verifica e verifica dei fatti:

I giornalisti devono prestare attenzione e scetticismo quando riferiscono da zone di conflitto, dove prevalgono disinformazione, propaganda e disinformazione.

La verifica e il controllo dei fatti sono essenziali per garantire l'accuratezza e la credibilità delle informazioni, in particolare quando si riferiscono a situazioni sensibili o in rapida evoluzione.

Strategie di uscita e piani di evacuazione:

I giornalisti dovrebbero disporre di strategie di uscita e piani di evacuazione per garantire la loro partenza sicura dalle zone di conflitto o di crisi in caso di emergenze o di rischi crescenti.

Ciò potrebbe comportare la creazione di canali di comunicazione di emergenza, la predisposizione di percorsi di evacuazione e il coordinamento con le autorità locali o le organizzazioni internazionali per l'assistenza.

Gestire zone di conflitto e situazioni di crisi richiede una combinazione di coraggio, resilienza e pianificazione strategica. I giornalisti devono dare priorità alla sicurezza, alle pratiche etiche di reporting e al benessere proprio e di coloro che incontrano mentre documentano eventi e informano il pubblico sulle questioni critiche che colpiscono le comunità in crisi.

Le precauzioni di sicurezza per i fotoreporter

Le precauzioni di sicurezza per i fotoreporter sono misure essenziali per garantire il loro benessere e la loro sicurezza durante la copertura di incarichi in ambienti potenzialmente pericolosi, comprese zone di conflitto, aree disastrate e proteste. Ecco alcune precauzioni di sicurezza fondamentali per i fotoreporter:

Valutazione del rischio:

Prima di intraprendere un incarico, i fotoreporter dovrebbero condurre un'approfondita valutazione del rischio per identificare potenziali pericoli, comprese minacce alla sicurezza, rischi ambientali e rischi per la salute.

Valutare il contesto politico, sociale e culturale dell'area, nonché il livello di violenza o instabilità, per determinare le misure di sicurezza adeguate.

Formazione e preparazione sulla sicurezza:

I fotoreporter dovrebbero seguire una formazione sulla sicurezza per apprendere le competenze essenziali per operare in ambienti ad alto rischio, come il primo soccorso, la risoluzione dei conflitti, la risposta alle emergenze e la consapevolezza dell'ambiente ostile.

Dotarsi delle attrezzature e delle attrezzature di sicurezza necessarie, inclusi caschi, giubbotti protettivi, maschere antigas e dispositivi di comunicazione, per mitigare i rischi e rispondere efficacemente alle emergenze.

Consapevolezza situazionale:

Mantieni sempre la consapevolezza della situazione rimanendo attento a ciò che ti circonda, monitorando i cambiamenti nell'ambiente e identificando potenziali minacce o pericoli.

Fidati del tuo istinto e preparati a reagire rapidamente a eventi imprevisti o segnali di pericolo, come spari, esplosioni o comportamenti aggressivi.

Sicurezza in viaggio:

Quando viaggiano da e verso gli incarichi, i fotoreporter dovrebbero pianificare attentamente i loro percorsi, evitare di viaggiare da soli quando possibile e condividere il proprio itinerario con colleghi o contatti fidati.

Utilizzare servizi di trasporto affidabili ed evitare esposizioni vistose di attrezzature costose o oggetti di valore che potrebbero attirare attenzioni indesiderate.

Comunicazione sicura:

Mantieni canali di comunicazione sicuri con colleghi, redattori e contatti mentre sei sul campo, utilizzando app di messaggistica crittografate o telefoni satellitari per proteggere le informazioni sensibili e mantenere la riservatezza.

Disporre di un sistema di check-in designato per segnalare regolarmente la propria posizione e il proprio stato, soprattutto quando si opera in aree remote o isolate.

Equipaggiamento e attrezzatura protettiva:

Indossare indumenti e attrezzature protettivi adeguati per ridurre al minimo rischi e lesioni, inclusi caschi, giubbotti balistici, occhiali, guanti e calzature robuste.

Porta con te un kit di pronto soccorso ben attrezzato con forniture essenziali per il trattamento di infortuni ed emergenze mediche e assicurati di essere addestrato nelle tecniche di primo soccorso di base.

Stabilire fiducia e rapporto:

Costruisci fiducia e rapporti con le comunità locali, le fonti e le parti interessate per migliorare la tua sicurezza e l'accesso alle informazioni.

Rispetta i costumi, le tradizioni e la sensibilità locali e chiedi il permesso prima di scattare fotografie, soprattutto in aree sensibili o riservate.

Piano di risposta alle emergenze:

Sviluppa e acquisisci familiarità con un piano di risposta alle emergenze che delinei le misure da adottare in caso di incidente di sicurezza, emergenza medica o evacuazione.

Conoscere l'ubicazione delle strutture mediche, dei rifugi sicuri e delle uscite di emergenza nelle vicinanze e stabilire un punto di incontro designato per raggrupparsi in caso di separazione.

Supporto psicologico e cura di sé:

Riconoscere il potenziale impatto psicologico della copertura di eventi traumatici e dare priorità alle strategie di cura di sé per mantenere il benessere mentale ed emotivo.

Chiedi supporto a colleghi, amici o professionisti della salute mentale se avverti sintomi di stress, ansia o traumi legati al tuo lavoro.

Rimani informato e aggiornato:

Rimani informato sugli sviluppi locali, sugli avvisi di sicurezza e sugli avvisi di viaggio emessi da fonti affidabili, come agenzie governative, organizzazioni internazionali e media locali.

Monitora i cambiamenti nella situazione della sicurezza e sii pronto a modificare i tuoi piani o a evacuare se le condizioni peggiorano inaspettatamente.

Aderendo a queste precauzioni di sicurezza e rimanendo vigili, i fotoreporter possono ridurre al minimo i rischi e operare in modo più sicuro in ambienti difficili, consentendo loro di concentrarsi sul proprio lavoro e documentare storie importanti proteggendo al contempo il proprio benessere.

Il benessere emotivo e psicologico

Il benessere emotivo e psicologico si riferisce a uno stato di salute mentale ottimale caratterizzato da un senso positivo di sé, resilienza di fronte alle sfide e capacità di affrontare efficacemente fattori di stress ed emozioni. Comprende vari aspetti della salute mentale ed emotiva, inclusi sentimenti di felicità, soddisfazione, appagamento e stabilità. Ecco una ripartizione del benessere emotivo e psicologico:

Emozioni positive:

Il benessere emotivo implica sperimentare una serie di emozioni positive, come gioia, gratitudine, amore, contentezza e pace interiore. Queste emozioni contribuiscono a un senso di felicità e soddisfazione generale della vita.

Resilienza e capacità di coping:

Gli individui con un forte benessere emotivo dimostrano resilienza di fronte alle avversità e possiedono capacità di coping efficaci per gestire lo stress, le battute d'arresto e le sfide della vita.

Possono riprendersi dalle battute d'arresto, imparare dalle esperienze e adattarsi al cambiamento con un senso di ottimismo e perseveranza.

Consapevolezza di sé e accettazione di sé:

Il benessere emotivo implica una profonda comprensione e accettazione di se stessi, compresi i punti di forza, di debolezza, i valori e le convinzioni.

Gli individui con un elevato benessere emotivo hanno un'immagine di sé positiva, praticano l'autocompassione e si sentono a proprio agio con le proprie emozioni e vulnerabilità.

Relazioni sane:

Il benessere emotivo è favorito attraverso connessioni significative e relazioni di supporto con gli altri, inclusi familiari, amici, colleghi e membri della comunità.

Interazioni sociali positive, empatia e capacità di comunicazione efficaci contribuiscono al senso di appartenenza, intimità e soddisfazione emotiva.

Scopo e significato:

Il benessere emotivo è strettamente legato al senso di scopo, significato e realizzazione nella vita. Avere obiettivi, valori e aspirazioni chiari fornisce un senso di direzione e motivazione.

Impegnarsi in attività in linea con i propri valori, passioni e interessi favorisce un senso di scopo e soddisfazione.

Gestione dello stress e rilassamento:

Il benessere emotivo implica la gestione efficace dello stress e il mantenimento di un senso di equilibrio ed equilibrio nella vita quotidiana.

Adottare abitudini di vita sane, come esercizio fisico regolare, sonno adeguato, pratiche di consapevolezza e tecniche di rilassamento, può aiutare ad alleviare lo stress e promuovere la resilienza emotiva.

Ricerca di supporto e risorse:

Il benessere emotivo include riconoscere quando sono necessari supporto o risorse aggiuntivi ed essere proattivi nel cercare aiuto.

Ciò può comportare il contatto con amici fidati o familiari, la ricerca di consulenza o terapia o l'accesso alle risorse della comunità e alle reti di supporto.

Crescita e sviluppo personale:

Il benessere emotivo viene coltivato attraverso la crescita personale continua, l'autoriflessione e l'apprendimento. Gli individui con un elevato benessere emotivo sono aperti a nuove esperienze, sfide e opportunità di auto-miglioramento.

Si impegnano in attività che favoriscono lo sviluppo personale, la creatività e l'espressione di sé, portando a un senso di realizzazione e crescita.

Regolazione emotiva e cura di sé:

Il benessere emotivo implica la capacità di regolare le emozioni in modo efficace e di praticare strategie di cura di sé per mantenere la salute mentale ed emotiva.

Ciò può includere la definizione di limiti, la pratica dell'assertività, il coinvolgimento in hobby e interessi e il tempo per il relax e l'autoriflessione.

Consapevolezza sulla salute mentale e riduzione dello stigma:

Promuovere il benessere emotivo richiede aumentare la consapevolezza sui problemi di salute mentale, ridurre lo stigma e promuovere ambienti di sostegno in cui le persone si sentano sicure nel cercare aiuto e sostegno.

Gli sforzi di istruzione, sensibilizzazione e destigmatizzazione svolgono un ruolo cruciale nel promuovere il benessere emotivo e migliorare l'accesso ai servizi di salute mentale.

Il benessere emotivo e psicologico è un aspetto fondamentale della salute generale e della qualità della vita. Coltivando la resilienza, favorendo relazioni positive, praticando la cura di sé e cercando supporto quando necessario, gli individui possono migliorare il proprio benessere emotivo e condurre vite più felici e appaganti.

*****

Capitolo 9

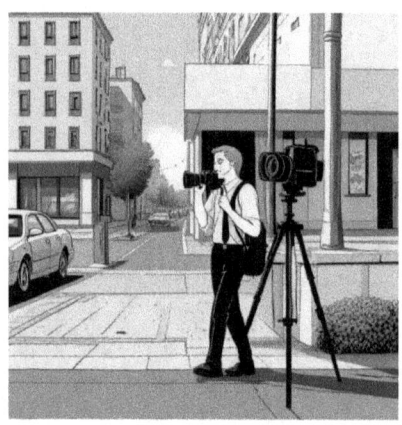

GENERI DI FOTOGIORNALISMO

Il fotogiornalismo comprende una varietà di generi, ciascuno con il suo approccio, argomento e impatto unici. Ecco uno sguardo dettagliato ai principali generi del fotogiornalismo:

Ultime notizie

Definizione: questo genere prevede la cattura di immagini di eventi mentre accadono, spesso in tempo reale.

Descrizione: i fotoreporter di questo genere si occupano di emergenze, incidenti, disastri naturali, sconvolgimenti politici e altri eventi di cronaca immediati. L'obiettivo è fornire una documentazione visiva che integri e valorizzi le notizie scritte, offrendo agli spettatori una connessione viscerale con gli eventi attuali.

Fotografia documentaristica

Definizione: si concentra su progetti a lungo termine che esplorano questioni sociali, culturali, politiche o ambientali.

Descrizione: I fotoreporter documentaristi si immergono nei loro soggetti, a volte per anni, per raccontare storie complete. Questo genere spesso mira ad aumentare la consapevolezza, evocare empatia e ispirare l'azione fornendo intuizioni profonde e sfumate su questioni complesse.

Fotografia in evidenza

Definizione: è incentrato su storie di interesse umano che sono più senza tempo e meno urgenti delle ultime notizie.

Descrizione: Il fotogiornalismo esplora la vita quotidiana, le tradizioni e le culture delle persone. Spesso evidenzia aspetti unici, commoventi o intriganti della società, fornendo uno sguardo più approfondito alle esperienze umane e alle tendenze sociali.

Fotografia sportiva

Definizione: implica catturare l'intensità, il movimento e l'emozione degli eventi sportivi.

Descrizione: I fotoreporter sportivi devono anticipare l'azione e reagire rapidamente per catturare i momenti chiave delle competizioni atletiche. Questo genere enfatizza il tempismo, la precisione e una profonda comprensione dello sport per trasmettere l'eccitazione e la drammaticità del gioco.

Fotografia di guerra e conflitti

Definizione: documenta guerre, conflitti e le loro conseguenze.

Descrizione: I fotoreporter di questo genere lavorano in ambienti pericolosi e spesso pericolosi per la vita per portare all'attenzione del pubblico la realtà della guerra. Le loro immagini mirano a documentare il costo umano del conflitto, influenzare l'opinione pubblica e informare la politica internazionale.

Fotografia ambientale

Definizione: si concentra su paesaggi naturali, fauna selvatica e questioni ambientali.

Descrizione: I fotoreporter ambientali evidenziano la bellezza del mondo naturale e le minacce che deve affrontare derivanti dal cambiamento climatico, dall'inquinamento e dalle attività umane. Questo genere mira spesso a ispirare gli sforzi di conservazione e ad aumentare la consapevolezza sulle questioni ecologiche.

Fotografia politica

Definizione: cattura le dinamiche di eventi, figure e movimenti politici.

Descrizione: questo genere include la fotografia di elezioni, manifestazioni politiche, procedimenti governativi e manifestazioni pubbliche. I fotoreporter devono esplorare le sensibilità politiche e affrontare le sfide per fornire un resoconto visivo obiettivo della vita politica.

Fotografia di ritratto

Definizione: implica la creazione di immagini potenti di individui, spesso per accompagnare storie o profili.

Descrizione: I fotoreporter ritrattisti si sforzano di catturare l'essenza e la personalità dei loro soggetti, spesso utilizzando il contesto ambientale e momenti sinceri per raccontare una storia più profonda sull'individuo.

Fotografia culturale

Definizione: documenta i costumi, le tradizioni e la vita quotidiana di diverse culture in tutto il mondo.

Descrizione: Questo genere richiede sensibilità e rispetto per i diversi modi di vivere. I fotoreporter mirano a presentare ritratti autentici e rispettosi che celebrano la diversità culturale e promuovono la comprensione globale.

Fotografia investigativa

Definizione: Supporta progetti di giornalismo investigativo approfondito.

Descrizione: I fotoreporter investigativi lavorano a stretto contatto con i giornalisti per scoprire verità nascoste e documentare prove di corruzione, criminalità e ingiustizia. Questo genere spesso comporta una ricerca significativa, rischi e la capacità di catturare dettagli significativi che supportano narrazioni investigative più ampie.

Impatto e importanza

Ogni genere di fotogiornalismo svolge un ruolo cruciale nell'informare il pubblico, modellare le percezioni e guidare il cambiamento. Attraverso i loro obiettivi, i fotoreporter forniscono una documentazione visiva che non solo integra il giornalismo scritto ma trascende anche le barriere linguistiche, evocando risposte emotive immediate e una comprensione più profonda.

Specializzandosi in questi diversi generi, i fotoreporter possono portare alla luce diversi aspetti dell'esperienza umana e del mondo che ci circonda, assicurando che le storie che devono essere raccontate siano viste, sentite e ricordate.

Fotografia sportiva

La fotografia sportiva è un genere specializzato di fotografia incentrato sulla cattura di immagini di atleti, eventi sportivi e momenti ricchi di azione in vari sport. I fotografi sportivi usano le loro capacità per fermare i momenti dinamici nel tempo, mostrando l'atletismo, l'intensità e l'emozione delle competizioni sportive. Ecco una ripartizione della fotografia sportiva:

Azione e tempistica:

La fotografia sportiva richiede tempismo e anticipazione precisi per catturare azioni frenetiche e momenti decisivi durante gli eventi sportivi. I fotografi devono essere pronti a reagire rapidamente per catturare momenti chiave come gol, touchdown o giocate drammatiche.

Attrezzatura e attrezzatura:

I fotografi sportivi utilizzano attrezzature specializzate progettate per catturare soggetti in rapido movimento e gestire condizioni di illuminazione difficili. Ciò include in genere fotocamere reflex digitali a obiettivo singolo (DSLR) con velocità di burst elevate, teleobiettivi lunghi per catturare azioni distanti e sistemi di messa a fuoco automatica di alta qualità.

Altre attrezzature essenziali possono includere monopiedi o treppiedi per la stabilità, moltiplicatori di focale per estendere la lunghezza focale e corpi macchina resistenti alle intemperie per resistere alle condizioni esterne.

Composizione e inquadratura:

La composizione è fondamentale nella fotografia sportiva per creare immagini avvincenti e dinamiche. I fotografi utilizzano spesso tecniche come l'inquadratura, le linee guida e la regola dei terzi per attirare gli occhi degli spettatori sul soggetto principale e trasmettere un senso di movimento ed energia.

Catturare gli atleti nel contesto del loro ambiente, ad esempio sullo sfondo di uno stadio o di un'arena, può aggiungere profondità e contesto alle immagini sportive.

Emozione e narrazione:

Oltre a catturare l'azione, la fotografia sportiva mira a trasmettere l'emozione, l'intensità e la drammaticità degli eventi sportivi. Le immagini che mostrano le espressioni, i festeg-giamenti e le interazioni degli atleti con i compagni di squadra o gli avversari possono raccontare storie potenti ed evocare forti risposte emotive da parte degli spettatori.

I fotografi sportivi si sforzano di catturare il lato umano dello sport, evidenziando momenti di trionfo, determinazione, delusione e cameratismo.

Competenze tecniche:

I fotografi sportivi devono possedere forti competenze tecniche per catturare in modo efficace soggetti in rapido movimento in condizioni di illuminazione difficili. Ciò include la comprensione delle impostazioni della fotocamera come velocità dell'otturatore, apertura e ISO per congelare l'azione, controllare la profondità di campo e gestire l'esposizione.

Anche la conoscenza delle tecniche di messa a fuoco automatica, il tracciamento dei soggetti in movimento e la selezione dei punti AF appropriati sono essenziali per ottenere immagini nitide e ben focalizzate.

Accesso e posizionamento:

I fotografi sportivi hanno spesso un accesso privilegiato agli eventi sportivi, consentendo loro di posizionarsi strategicamente per catturare gli angoli e le prospettive migliori. Possono sparare da bordo campo, end zone o posizioni elevate come le sale stampa per catturare punti di vista unici.

Costruire rapporti con atleti, allenatori e organizzazioni sportive può anche offrire opportunità di accesso esclusivo e di fotografia dietro le quinte.

Post-elaborazione e modifica:

Dopo aver catturato le immagini, i fotografi sportivi possono impegnarsi nella post-elaborazione e nella modifica per migliorare la qualità e l'impatto visivo delle loro foto. Ciò può comportare modifiche al colore, al contrasto e all'esposizione, nonché il ritaglio e la nitidezza per ottimizzare la composizione.

Sebbene alcune modifiche siano comuni nella fotografia sportiva, i fotografi devono mantenere standard etici ed evitare manipolazioni eccessive che potrebbero compromettere l'integrità delle immagini.

La fotografia sportiva comprende una vasta gamma di sport ed eventi, dai campionati professionistici e le competizioni internazionali agli sport amatoriali e giovanili. Catturando l'atletismo, la passione e l'eccitazione dello sport, i fotografi svolgono un ruolo fondamentale nel documentare la storia dello sport e nell'ispirare i fan di tutto il mondo.

La copertura politica ed elettorale

La copertura politica ed elettorale si riferisce alla pratica giornalistica di riferire su eventi politici, campagne, elezioni e attività governative. Si tratta di fornire notizie, analisi, commenti e rapporti investigativi per informare il pubblico sugli sviluppi politici, i dibattiti politici e i processi elettorali. Ecco una ripartizione della copertura politica ed elettorale:

Segnalazione di notizie:

La copertura politica include la segnalazione di un'ampia gamma di eventi e attività politici, inclusi discorsi, dibattiti, manifestazioni, sessioni legislative e annunci politici.

I giornalisti raccolgono informazioni da più fonti, comprese interviste con leader politici, funzionari governativi, esperti e membri del pubblico, per fornire una copertura delle notizie accurata e tempestiva.

Copertura della campagna:

Durante i cicli elettorali, la copertura politica si concentra fortemente sulle campagne elettorali, sui candidati e sui partiti politici. I giornalisti riferiscono sulle piattaforme dei candidati, sulle strategie delle campagne, sugli sforzi di raccolta fondi e sulle interazioni con gli elettori.

La copertura può includere l'analisi degli annunci elettorali, dei dibattiti, delle riunioni del municipio e dei sondaggi di opinione pubblica per valutare i punti di forza, di debolezza e le prospettive elettorali dei candidati.

Analisi politica:

La copertura politica include l'analisi e la valutazione approfondite delle politiche, della legislazione e delle proposte politiche del governo. I giornalisti esaminano il potenziale impatto delle politiche sui vari stakeholder, ne valutano la fattibilità e l'efficacia, ed esaminano attentamente le motiva-zioni e le implicazioni sottostanti.

L'analisi politica mira a fornire agli elettori una comprensione più profonda delle questioni chiave e dei dibattiti politici che modellano il panorama politico.

Giornalismo investigativo:

La copertura politica spesso implica rapporti investigativi per scoprire corruzione, cattiva condotta, conflitti di interessi e abusi di potere all'interno delle istituzioni governative, dei partiti politici o dei processi elettorali.

I giornalisti investigativi conducono ricerche approfondite, interviste e analisi dei dati per denunciare gli illeciti e ritenere i funzionari pubblici responsabili delle loro azioni.

Processo elettorale:

La copertura politica comprende il reporting sul processo elettorale, compresa la registrazione degli elettori, l'amministrazione elettorale, l'accesso alle urne, le procedure elettorali e l'affluenza alle urne.

I giornalisti si occupano delle elezioni primarie, dei caucus, delle elezioni generali e dei referendum, fornendo informazioni su candidati, misure elettorali, opzioni di voto e risultati elettorali.

Opinione e commento:

La copertura politica include articoli di opinione, editoriali e commenti di giornalisti, esperti ed esperti che offrono analisi, approfondimenti e prospettive su questioni ed eventi politici.

Gli articoli di opinione possono riflettere diversi punti di vista ideologici e contribuire al discorso pubblico e al dibattito su questioni critiche.

Controllo dei fatti e verifica:

In un'era di disinformazione e disinformazione, la copertura politica include sforzi di controllo e verifica dei fatti per valutare l'accuratezza delle dichiarazioni, affermazioni e asserzioni politiche fatte da candidati, funzionari e organizzazioni politiche.

I fact-checker esaminano le prove, il contesto e la credibilità delle dichiarazioni per fornire agli elettori informazioni accurate e combattere affermazioni false o fuorvianti.

Impegno pubblico ed educazione civica:

La copertura politica costituisce uno strumento vitale per l'impegno pubblico e l'educazione civica, consentendo ai cittadini di partecipare al processo democratico e prendere decisioni informate come elettori.

I giornalisti forniscono risorse educative, guide per gli elettori e forum di discussione pubblica per promuovere l'alfabetizzazione civica, la consapevolezza politica e la cittadinanza attiva.

La copertura politica ed elettorale svolge un ruolo cruciale nel promuovere la trasparenza, la responsabilità e la partecipazione informata nelle società democratiche. Fornendo una copertura accurata, completa e imparziale di eventi e processi politici, i giornalisti contribuiscono al funzionamento delle istituzioni democratiche e alla salute del discorso civico.

Il fotogiornalismo ambientale e naturalistico

Il fotogiornalismo ambientale e naturalistico è un campo specializzato della fotografia incentrato sulla documentazione del mondo naturale, delle questioni ambientali e degli sforzi di conservazione della fauna selvatica attraverso la narrazione visiva. Si tratta di catturare immagini avvincenti che sensibilizzano, ispirano all'azione e provocano riflessioni sulla bellezza, la fragilità e l'importanza degli ecosistemi e della biodiversità della Terra. Ecco una ripartizione del fotogiornalismo ambientale e naturalistico:

Conservazione e patrocinio:

Il fotogiornalismo ambientale e naturalistico mira a evidenziare questioni ambientali urgenti, come il cambiamento climatico, la perdita di habitat, l'inquinamento, la deforesta-zione e l'estinzione delle specie.

I fotografi usano le loro immagini per sostenere la conservazione ambientale, aumentare la consapevolezza sulle minacce agli ecosistemi e alla fauna selvatica e promuovere pratiche e politiche sostenibili.

Catturare la bellezza della natura:

I fotografi ambientali e naturalisti celebrano la bellezza e la diversità del mondo naturale catturando immagini straordinarie di paesaggi, fauna selvatica, piante ed ecosistemi.

Attraverso la loro fotografia, cercano di evocare un senso di meraviglia, stupore e apprezzamento per le meraviglie della natura e le intricate connessioni che sostengono la vita sulla Terra.

Narrazione e narrativa:

Il fotogiornalismo ambientale e naturalistico racconta storie sulle sfide che deve affrontare il mondo naturale e le persone, gli animali e le comunità colpite da problemi ambientali.

Le fotografie fungono da potenti narrazioni visive che trasmettono l'urgenza, la complessità e le dimensioni umane delle questioni ambientali, favorendo l'empatia, la comprensione e l'azione.

Documentare gli sforzi di conservazione:

I fotografi ambientali e naturalisti documentano iniziative di conservazione, ricerca scientifica e sforzi guidati dalla comunità per proteggere e ripristinare ecosistemi, habitat e specie in via di estinzione.

Presentano storie di successo, soluzioni innovative e la resilienza della natura, ispirando speranza e incoraggiando l'azione collettiva per affrontare le sfide ambientali.

Considerazioni etiche:

I fotoreporter ambientali e naturalisti aderiscono a linee guida etiche per garantire il benessere e la protezione dei soggetti che fotografano.

Danno priorità al benessere della fauna selvatica e degli ecosistemi, rispettano i confini etici ed evitano di causare danni o disturbi agli animali o ai loro habitat.

Giustizia ambientale e diritti umani:

Il fotogiornalismo ambientale e naturalistico esplora le intersezioni tra questioni ambientali, giustizia sociale e diritti umani.

I fotografi documentano gli impatti sproporzionati del degrado ambientale sulle comunità emarginate, sulle popolazioni indigene e sulle popolazioni vulnerabili, evidenziando la necessità di politiche e soluzioni ambientali eque e inclusive.

Accuratezza scientifica e autenticità:

I fotografi ambientali e naturalisti si impegnano per l'accuratezza scientifica e l'autenticità delle loro immagini, assicurandosi che le loro fotografie riflettano la realtà del mondo naturale.

Lavorano a stretto contatto con scienziati, ricercatori e ambientalisti per verificare le informazioni, fornire contesto e rappresentare accuratamente processi e fenomeni ecologici.

Educazione e sensibilizzazione:

Il fotogiornalismo ambientale e naturalistico funge da prezioso strumento educativo, ispirando curiosità, promuovendo l'alfabetizzazione ambientale e incoraggiando la gestione del pianeta.

I fotografi collaborano con istituzioni educative, organizzazioni ambientaliste e media per raggiungere un pubblico diversificato e coinvolgere il pubblico nelle questioni ambientali e negli sforzi di conservazione.

Attraverso la loro fotografia, i fotoreporter ambientali e naturalisti svolgono un ruolo fondamentale nel sensibilizzare l'opinione pubblica, promuovere la conservazione e sostenere la protezione delle preziose risorse naturali e della biodiversità della Terra. Le loro immagini hanno il potere di informare, ispirare e mobilitare individui e comunità ad agire per salvaguardare il pianeta per le generazioni future.

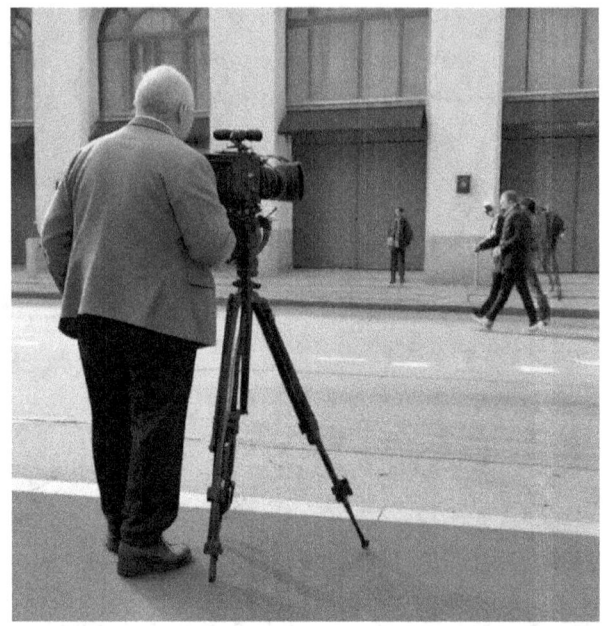

"La più grande abilità di un fotoreporter non sta nel premere l'otturatore, ma nel comprendere il potere della narrazione attraverso le immagini."

*****

Capitolo 10

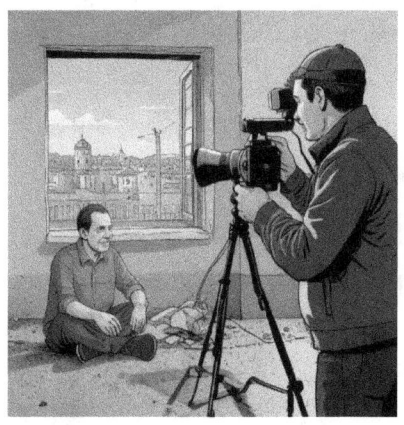

MULTIMEDIA E NARRAZIONE DIGITALE

Lo storytelling multimediale e digitale implica l'uso di vari formati multimediali, come testo, immagini, audio, video ed elementi interattivi, per trasmettere narrazioni e coinvolgere il pubblico in modi avvincenti e coinvolgenti. Questo approccio allo storytelling sfrutta le capacità delle tecnologie digitali per creare esperienze ricche e multidimensionali che possono essere condivise su diverse piattaforme e dispositivi.

Componenti di Multimedia e Digital Storytelling:

Testo: le narrazioni scritte forniscono contesto, informazioni di base e dettagli descrittivi per accompagnare elementi visivi e uditivi.

Immagini: fotografie, illustrazioni, infografiche ed effetti visivi migliorano la narrazione catturando momenti, trasmettendo emozioni e fornendo un contesto visivo.

Audio: effetti sonori, rumore ambientale, musica, voci fuori campo e interviste aggiungono profondità e atmosfera alla narrazione, evocando emozioni e migliorando il coinvolgimento.

Video: immagini in movimento, filmati, animazioni e grafica in movimento danno vita alle storie, offrendo immagini dinamiche e catturando movimento e azione.

Elementi interattivi: funzionalità come collegamenti cliccabili, pannelli a scorrimento, quiz e tour virtuali consentono agli utenti di partecipare attivamente all'esperienza di narrazione, rendendola più coinvolgente e coinvolgente.

Caratteristiche del Multimedia e del Digital Storytelling:

Interattività: gli utenti possono interagire con il contenuto, navigare attraverso diversi elementi multimediali e scegliere i propri percorsi attraverso la narrazione, creando un'esperienza personalizzata.

Non linearità: le storie possono essere presentate in formati non lineari, consentendo agli utenti di esplorare diverse trame, prospettive o risultati in base alle loro scelte o interessi.

Integrazione Rich Media: più formati multimediali sono perfettamente integrati per creare un'esperienza di narrazione coesa e coinvolgente che fa appello a diversi sensi e stili di apprendimento.

Accessibilità: le piattaforme di narrazione digitale possono raggiungere un pubblico diversificato oltre i confini geografici, linguistici e demografici, aumentando l'accessibilità e l'inclu-sività.

Coinvolgimento: funzionalità interattive, contenuti multimediali e narrazioni avvincenti catturano e mantengono l'attenzione del pubblico, incoraggiando la partecipazione attiva e la connessione emotiva.

Versatilità: la narrazione digitale può essere adattata a varie piattaforme e dispositivi, inclusi siti Web, app mobili, social media, realtà virtuale (VR) e realtà aumentata (AR), consentendo una distribuzione e un consumo diffusi.

Applicazioni della narrazione multimediale e digitale:

Giornalismo e documentari: i formati multimediali migliorano articoli di notizie, documentari e rapporti investigativi, fornendo contesto più profondo, prove visive e funzionalità interattive.

Istruzione e formazione: lo storytelling digitale viene utilizzato nelle piattaforme di e-learning, nei siti Web educativi e nei libri di testo interattivi per coinvolgere gli studenti, rafforzare gli obiettivi di apprendimento e facilitare la conservazione delle conoscenze.

Marketing e pubblicità: i marchi utilizzano lo storytelling multimediale per creare narrazioni avvincenti, mostrare prodotti o servizi e connettersi con i consumatori a livello emotivo, aumentando la consapevolezza e la fedeltà del marchio.

Intrattenimento e giochi: videogiochi, narrazioni interattive ed esperienze coinvolgenti utilizzano elementi multimediali per intrattenere il pubblico, raccontare storie avvincenti e fornire esperienze di gioco coinvolgenti.

Preservazione culturale: la narrazione multimediale preserva e condivide il patrimonio culturale, le tradizioni e le storie orali attraverso mostre interattive, archivi digitali e musei virtuali.

Strumenti e tecnologie:

Sistemi di gestione dei contenuti (CMS): piattaforme come WordPress, Drupal e Joomla facilitano la creazione e la gestione di contenuti multimediali per siti Web e blog.

Strumenti di pubblicazione digitale: software come Adobe InDesign, Microsoft Publisher e iBooks Author consentono la creazione di pubblicazioni digitali, e-book e riviste interattive.

Software di editing video: applicazioni come Adobe Premiere Pro, Final Cut Pro e DaVinci Resolve consentono l'editing, il miglioramento e la produzione di contenuti video di alta qualità.

Piattaforme di narrazione interattiva: strumenti come Twine, StoryMapJS e Adobe XD consentono la creazione di narrazioni interattive, trame ramificate ed esperienze multimediali.

Considerazioni etiche:

Accuratezza e veridicità: garantire che le storie multimediali siano fattivamente accurate, veritiere e imparziali, evitando la disinformazione o la manipolazione dei fatti.

Privacy e consenso: ottenere il consenso degli individui presenti nei contenuti multimediali, soprattutto in contesti sensibili o personali, e rispettare i loro diritti alla privacy.

Rappresentanza e diversità: garantire diversità e inclusività nella narrazione multimediale, rappresentando un'ampia gamma di voci, prospettive ed esperienze in modo autentico e rispettoso.

Trasparenza: rivelare chiaramente fonti, attribuzioni ed eventuali conflitti di interessi nei contenuti multimediali per mantenere credibilità e fiducia presso il pubblico.

Conclusione: lo storytelling multimediale e digitale offre strumenti potenti per creare narrazioni coinvolgenti, coinvolgenti e di grande impatto che risuonano con il pubblico su tutte le piattaforme digitali. Combinando testo, immagini, audio, video ed elementi interattivi, gli storyteller possono creare esperienze avvincenti che informano, intrattengono e ispirano, favorendo connessioni più profonde e comprensione tra pubblici diversi. Le considerazioni etiche svolgono un ruolo cruciale nel garantire che le storie multimediali sostengano l'integrità giornalistica, rispettino i diritti degli individui e promuovano l'inclusività e la diversità nella narrazione.

Utilizzo di video, audio e media interattivi

L'utilizzo di video, audio e media interattivi implica l'utilizzo di elementi multimediali per migliorare la narrazione, coinvolgere il pubblico e offrire esperienze coinvolgenti su varie piattaforme digitali. Ecco una ripartizione di ciascuno:

Video:

I contenuti video prevedono l'uso di immagini in movimento, suoni e talvolta testo per trasmettere informazioni, evocare emozioni e raccontare storie.

Il video può essere utilizzato per catturare eventi della vita reale, interviste, documentari, animazioni, tutorial e altro ancora.

I progressi tecnologici hanno reso la produzione video più accessibile, consentendo ai creatori di girare, modificare e distribuire video di alta qualità utilizzando smartphone, fotocamere digitali e software di editing.

I contenuti video possono essere condivisi su siti Web, piattaforme di social media, servizi di streaming e app mobili, raggiungendo un vasto pubblico e stimolando il coinvolgimento.

Audio:

I contenuti audio comprendono vari formati, inclusi podcast, trasmissioni radiofoniche, paesaggi sonori, interviste e musica.

Lo storytelling audio si basa su effetti sonori, narrazione vocale, rumore ambientale e musica per creare esperienze coinvolgenti e trasmettere informazioni.

Il podcasting ha registrato un'enorme crescita negli ultimi anni, offrendo una piattaforma per discussioni approfondite, narrazione, analisi di notizie e contenuti educativi.

È possibile accedere e consumare comodamente i contenuti audio tramite smartphone, altoparlanti intelligenti, app podcast e piattaforme di streaming, consentendo agli ascoltatori di interagire con i contenuti sempre e ovunque.

Media interattivi:

I media interattivi si riferiscono a contenuti digitali che consentono agli utenti di interagire attivamente e manipolare il contenuto, anziché consumarlo passivamente.

Gli elementi interattivi possono includere grafica cliccabile, animazioni, quiz, giochi, simulazioni, esperienze di realtà virtuale (VR) ed esperienze di realtà aumentata (AR).

I media interattivi migliorano il coinvolgimento degli utenti offrendo esperienze personalizzate, incoraggiando l'esplora-zione e la scoperta e promuovendo l'interattività e la partecipazione.

Le piattaforme di narrazione interattiva, come documentari interattivi o siti Web multimediali, consentono agli utenti di navigare attraverso narrazioni non lineari, scegliere i propri percorsi e interagire con elementi multimediali per appro-fondire la comprensione dell'argomento.

Vantaggi dell'utilizzo di contenuti multimediali:

Migliora la narrazione: elementi multimediali come video, audio e media interattivi aggiungono profondità, ricchezza e fascino visivo alla narrazione, rendendo i contenuti più coinvolgenti e memorabili.

Raggiunge un pubblico diversificato: persone diverse hanno preferenze diverse per la fruizione dei contenuti. Offrendo opzioni multimediali, i creatori possono soddisfare le diverse preferenze del pubblico e raggiungere una fascia demografica più ampia.

Aumenta il coinvolgimento: i contenuti multimediali tendono a catturare e mantenere l'attenzione del pubblico in modo più efficace rispetto ai tradizionali contenuti testuali, portando a livelli più elevati di coinvolgimento, condivisione e interazione.

Fornisce flessibilità e creatività: la multimedialità consente ai creatori di sperimentare diversi formati, stili e tecniche per trasmettere il proprio messaggio in modo efficace e creativo.

Facilita l'apprendimento e la comprensione: i media visivi e interattivi possono semplificare concetti complessi, chiarire informazioni e migliorare la comprensione, rendendo più facile per il pubblico comprendere argomenti astratti o stimolanti.

Nel complesso, l'utilizzo di video, audio e media interattivi consente ai creatori di offrire esperienze di narrazione più avvincenti, coinvolgenti e di grande impatto che risuonano con il pubblico nel panorama digitale di oggi.

Costruire una presenza online come fotoreporter

Costruire una presenza online come fotoreporter è fondamentale per affermare il tuo marchio, mostrare il tuo lavoro e connetterti con pubblico, clienti e colleghi professionisti del settore. Ecco una ripartizione di come costruire una presenza online:

Crea un sito web professionale:

Inizia creando un sito Web professionale che funge da portfolio online. Il tuo sito web dovrebbe mostrare il tuo lavoro migliore, fornire informazioni sul tuo background, esperienza e servizi e consentire ai visitatori di contattarti facilmente.

Includi una sezione portfolio dedicata con immagini di alta qualità organizzate in categorie o progetti. Scrivi didascalie o descrizioni accattivanti per fornire contesto e narrazione alle tue foto.

Assicurati che il tuo sito web sia ottimizzato per i dispositivi mobili, facile da navigare e ottimizzato per i motori di ricerca per migliorare la visibilità e l'accessibilità.

Stabilisci una presenza sui social media:

Sfrutta le piattaforme di social media come Instagram, Twitter, Facebook e LinkedIn per condividere il tuo lavoro, interagire con i follower e fare rete con altri professionisti.

Scegli piattaforme popolari tra il tuo pubblico target e pertinenti alla tua nicchia. Utilizza hashtag, geotag e didascalie in modo efficace per aumentare visibilità e portata.

Pubblica costantemente immagini di alta qualità, contenuti dietro le quinte e aggiornamenti su progetti, incarichi e risultati per mantenere il tuo pubblico coinvolto e informato.

Interagisci con il tuo pubblico:

Interagisci attivamente con il tuo pubblico rispondendo tempestivamente a commenti, messaggi e richieste. Promuovi conversazioni significative, rispondi alle domande e mostra apprezzamento per feedback e supporto.

Condividi approfondimenti sul tuo processo creativo, storie dietro le tue foto ed esperienze personali per connetterti con il tuo pubblico a un livello più profondo e umanizzare il tuo marchio.

Collabora con gli altri:

Collabora con altri fotografi, giornalisti, marchi e influencer per espandere la tua portata e la tua visibilità. Partecipa a progetti collaborativi, promozioni incrociate e comunità online per attingere a nuovo pubblico e opportunità.

Costruire relazioni con colleghi professionisti può portare a referenze, partnership e collaborazioni che migliorano la tua credibilità e visibilità nel settore.

Mostra la tua esperienza:

Posizionati come un'autorità nel tuo campo condividendo la tua esperienza, intuizioni e prospettive su argomenti relativi al fotogiornalismo, alle tecniche fotografiche, allo storytelling e agli eventi attuali.

Scrivi post di blog, articoli o guest post per pubblicazioni o siti Web pertinenti, partecipa a interviste o tavole rotonde e condividi contenuti informativi che dimostrino la tua conoscenza e passione per il tuo mestiere.

Aggiorna e migliora continuamente:

Aggiorna regolarmente il tuo portfolio online con nuovi lavori, progetti e risultati per mantenere il tuo sito web fresco e pertinente.

Rimani informato sulle tendenze emergenti, sulle tecnologie e sulle migliori pratiche nel fotogiornalismo e nel marketing digitale. Cercare continuamente opportunità di appren-dimento, crescita e miglioramento per rimanere al passo con i tempi.

Mostra la tua personalità:

Non aver paura di inserire la tua personalità nella tua presenza online. Condividi scorci della tua vita personale, hobby, interessi e valori per connetterti con il tuo pubblico a un livello più personale.

Autenticità e trasparenza possono aiutarti a creare fiducia e rapporti con il tuo pubblico, favorendo connessioni più forti e lealtà nel tempo.

Costruire una presenza online come fotoreporter richiede dedizione, coerenza e creatività. Sfruttando strategicamente le piattaforme digitali, interagendo con il tuo pubblico e mostrando la tua prospettiva e le tue competenze uniche, puoi stabilire una forte presenza online che eleva il tuo marchio ed espande le tue opportunità nel mondo competitivo del fotogiornalismo.

L'utilizzo dei social media per la diffusione

Sfruttare i social media per la diffusione implica l'utilizzo di varie piattaforme di social media per distribuire e condividere contenuti con un vasto pubblico. Che tu sia un fotoreporter, un giornalista o qualsiasi altro creatore di contenuti, i social media offrono potenti strumenti per raggiungere, coinvolgere e connetterti con il tuo pubblico target. Ecco come sfruttare efficacemente i social media per la diffusione:

Scegli le piattaforme giuste:

Identifica le piattaforme di social media più rilevanti per il tuo pubblico e in linea con i tuoi contenuti e obiettivi. Considera fattori quali dati demografici, interessi e livelli di coinvolgimento su ciascuna piattaforma.

Per i contenuti visivi come la fotografia, piattaforme come Instagram, Facebook e Pinterest possono essere particolarmente efficaci. Per le ultime notizie e gli aggiornamenti, piattaforme come Twitter potrebbero essere più adatte.

Ottimizza i tuoi profili:

Crea profili professionali e accattivanti su ogni piattaforma di social media che utilizzi. Utilizza immagini del profilo, foto di copertina e sezioni bio di alta qualità per trasmettere l'identità e il messaggio del tuo marchio in modo efficace.

Includi parole chiave, hashtag e link pertinenti al tuo sito web o al tuo portfolio per migliorare la rilevabilità e indirizzare il traffico verso le tue altre proprietà online.

Condividi contenuti coinvolgenti:

Condividi una varietà di contenuti che facciano presa sul tuo pubblico, tra cui foto, video, articoli, infografiche e scorci dietro le quinte.

Mantieni i tuoi contenuti freschi, pertinenti e tempestivi per mantenere l'interesse e il coinvolgimento del pubblico. Sperimenta formati, stili e argomenti diversi per vedere cosa risuona meglio con il tuo pubblico.

Utilizza la narrazione visiva:

I contenuti visivi tendono a funzionare bene sui social media, quindi sfrutta le tue capacità di fotoreporter per creare immagini accattivanti che catturino l'attenzione ed evochino emozioni.

Racconta storie attraverso le tue immagini, utilizzando didascalie, hashtag e geotag per fornire contesto e coinvolgere il tuo pubblico in conversazioni significative.

Interagisci con il tuo pubblico:

Interagisci attivamente con il tuo pubblico rispondendo tempestivamente a commenti, messaggi e menzioni. Incoraggia il dialogo, fai domande e sollecita feedback per favorire un senso di comunità e connessione.

Mostra apprezzamento per i tuoi follower riconoscendo i loro contributi, condividendo contenuti generati dagli utenti ed evidenziando le loro storie o esperienze.

Collaborazione e promozione incrociata:

Collabora con altri creatori di contenuti, marchi, influencer e organizzazioni per espandere la tua portata e la tua visibilità. Partecipa a campagne congiunte, acquisizioni o collaborazioni che presentano i tuoi contenuti a un nuovo pubblico.

Promuovi in modo incrociato i tuoi profili di social media su diverse piattaforme e canali per massimizzare la visibilità e il coinvolgimento. Includi icone o collegamenti ai social media sul tuo sito web, firma e-mail e altro materiale di marketing.

Monitorare l'analisi e adattare le strategie:

Monitora regolarmente le analisi dei tuoi social media per monitorare le prestazioni dei tuoi contenuti, il coinvolgimento del pubblico e le metriche di crescita.

Utilizza gli insight provenienti dall'analisi per identificare tendenze, preferenze e aree di miglioramento. Modifica le tue strategie di contenuto, i programmi di pubblicazione e le tattiche promozionali in base a approfondimenti basati sui dati per ottimizzare i tuoi risultati nel tempo.

Rimani attivo e coerente:

Mantieni una presenza coerente sui social media pubblicando regolarmente e interagendo con il tuo pubblico in modo coerente. Stabilisci un programma di pubblicazione che funzioni per te e attieniti ad esso per mantenere slancio e visibilità.

Rimani informato sulle tendenze emergenti, sulle funzionalità e sulle best practice sulle piattaforme di social media. Adatta le tue strategie e tattiche di conseguenza per rimanere rilevante e massimizzare il tuo impatto.

Sfruttando in modo efficace i social media per la diffusione, puoi amplificare la portata e l'impatto dei tuoi contenuti, creare connessioni significative con il tuo pubblico e affermarti come una voce affidabile e influente nel tuo campo.

*****

Capitolo 11

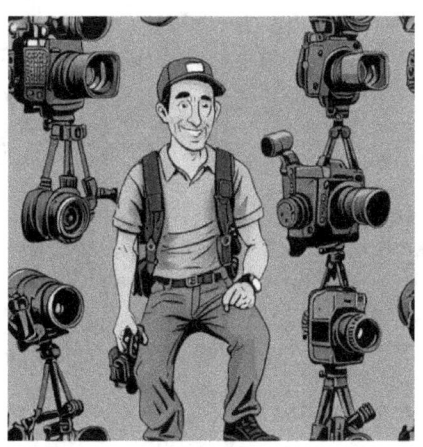

SVILUPPO DEL PORTAFOGLIO E COSTRUZIONE DELLA CARRIERA

Lo sviluppo del portfolio e la costruzione della carriera nella fotografia implicano la cura strategica e la presentazione del lavoro di un fotografo per mostrare le sue capacità, stile e competenza. Comprende il processo di creazione di un portfolio che metta in risalto il lavoro migliore del fotografo, il networking per stabilire connessioni e opportunità professionali e il perseguimento attivo di strade per l'avanzamento di carriera e il riconoscimento nel settore.

Sviluppo del portafoglio:

Selezione del lavoro: scegli una selezione diversificata di fotografie che mostrino competenza tecnica, visione artistica e coerenza tematica. Includere una varietà di generi, stili e soggetti per dimostrare versatilità.

Qualità rispetto alla quantità: dai priorità alla qualità rispetto alla quantità quando selezioni le immagini per il portfolio. Includi solo le fotografie più forti e di maggior impatto che riflettono lo stile e l'estetica unici del fotografo.

Organizzazione e presentazione: organizzare il portfolio in modo coerente e visivamente accattivante, con una struttura e un flusso narrativo chiari. Valuta la possibilità di raggruppare le immagini per tema, progetto o genere per creare una storia coerente.

Presenza online: crea un sito Web con portfolio digitale o una galleria online per mostrare il lavoro a un pubblico globale. Assicurati che il sito web sia ben progettato, ottimizzato per i dispositivi mobili e facile da navigare, con immagini ad alta risoluzione che si caricano rapidamente.

Portfolio stampato: oltre al portfolio online, valuta la possibilità di creare un portfolio stampato o un libro fotografico per mostrare il lavoro durante riunioni di persona, revisioni del portfolio o eventi di networking.

Costruzione della carriera:

Networking: costruisci e coltiva relazioni professionali nel settore della fotografia partecipando a workshop, conferenze ed eventi di networking. Connettiti con altri fotografi, editori, curatori e potenziali clienti per espandere le opportunità di collaborazione e visibilità.

Presenza sui social media: sfrutta le piattaforme di social media come Instagram, Facebook e LinkedIn per mostrare il tuo lavoro, interagire con i follower e connetterti con i professionisti del settore. Aggiorna regolarmente i profili dei social media con nuovi contenuti e approfondimenti dietro le quinte per mantenere la visibilità.

Collaborazioni e stage: cerca opportunità di collaborazioni, stage e tutoraggio con fotografi, agenzie o pubblicazioni affermati. Queste esperienze possono fornire preziose informazioni, esposizione e opportunità di networking per un ulteriore sviluppo della carriera.

Formazione continua: resta al passo con le tendenze, le tecniche e le tecnologie del settore attraverso workshop, corsi e seminari. Perfezionare ed espandere continuamente le competenze tecniche, la visione creativa e le conoscenze professionali per rimanere competitivi sul campo.

Recensioni di portfolio e concorsi: partecipa a revisioni di portfolio, mostre con giuria e concorsi fotografici per ricevere feedback, ottenere visibilità e mostrare il lavoro ai professionisti del settore. Vincere o essere riconosciuti in concorsi prestigiosi può aumentare significativamente la visibilità e la credibilità all'interno del settore.

Opportunità freelance e commerciali: perseguire incarichi freelance, progetti commerciali e lavori su commissione per acquisire esperienza, costruire una base di clienti e generare reddito. Coltivare rapporti con editori, direttori artistici e potenziali clienti per garantire opportunità continue per incarichi retribuiti.

Associazioni e organizzazioni professionali: unisciti ad associazioni di fotografia professionale, come l'American Society of Media Photographers (ASMP) o la National Press Photographers Association (NPPA), per accedere a risorse, patrocinio e opportunità di networking specifiche per il settore.

Considerazioni etiche:

Rappresentazione onesta: presentare il lavoro in modo veritiero ed etico, evitando false dichiarazioni, manipolazione o plagio delle immagini. Divulgare eventuali alterazioni o manipolazioni digitali apportate alle fotografie per mantenerne la trasparenza e l'integrità.

Rispetto del copyright: rispettare i diritti di proprietà intellettuale degli altri ottenendo autorizzazioni e licenze adeguate per l'utilizzo di immagini o materiali protetti da copyright nel portfolio. Attribuire le fonti e dare credito a collaboratori, modelli e soggetti in modo appropriato.

Inclusività e diversità: garantire che il portafoglio rifletta prospettive, esperienze e voci diverse. Rappresentare i soggetti in modo autentico e rispettoso, evitando stereotipi o false rappresentazioni basate su razza, genere, etnia o altre caratteristiche.

Conclusione: lo sviluppo del portfolio e la costruzione della carriera sono aspetti essenziali per stabilire una carriera di successo nella fotografia. Curando attentamente un portfolio che metta in mostra abilità tecnica, visione artistica e coerenza tematica, i fotografi possono attirare l'attenzione di potenziali clienti, collaboratori e professionisti del settore. Il networking, la formazione continua e la pratica etica sono vitali per navigare nel panorama competitivo del settore della fotografia e costruire una carriera sostenibile e appagante nel tempo.

Creazione di un portafoglio convincente

Creare un portfolio avvincente è essenziale per mostrare le tue capacità, esperienza e il tuo stile unico come fotoreporter. Che tu sia un professionista esperto o abbia appena iniziato, un portfolio ben realizzato può evidenziare efficacemente il tuo lavoro migliore, affascinare potenziali clienti o datori di lavoro e aprire le porte a nuove opportunità. Ecco come creare un portafoglio convincente:

Seleziona il tuo lavoro migliore:

Scegli una selezione delle tue fotografie più forti e di maggior impatto da includere nel tuo portfolio. Punta alla qualità piuttosto che alla quantità, selezionando immagini che dimostrino le tue capacità tecniche, creatività e capacità di narrazione.

Considera la diversità nella tua selezione, inclusa una gamma di soggetti, stili e impostazioni per mostrare l'ampiezza delle tue capacità come fotoreporter.

Organizza il tuo portafoglio:

Organizza il tuo portfolio in modo logico e visivamente accattivante. Valuta la possibilità di raggruppare le tue immagini in categorie o temi, come notizie, storie di interesse umano, ritratti o questioni ambientali.

Disponi le tue immagini in una sequenza che scorra bene e racconti una storia coerente. Inizia con un'immagine di apertura forte per attirare l'attenzione dello spettatore e termina con un'immagine di chiusura memorabile che lascia un'impressione duratura.

Fornire contesto e narrazione:

Accompagna ogni immagine con didascalie, descrizioni o brevi storie che forniscono contesto e approfondimenti sull'argomento. Spiega chi, cosa, quando, dove e perché dietro ogni fotografia, offrendo agli spettatori una comprensione più profonda della storia dietro l'immagine.

Utilizza tecniche di narrazione per coinvolgere gli spettatori ed evocare emozioni. Condividi aneddoti personali, citazioni o osservazioni che migliorano la narrazione e attirano gli spettatori nella storia.

Mostra la tua versatilità:

Mostra la tua versatilità come fotoreporter includendo una vasta gamma di immagini che dimostrano la tua capacità di coprire diversi argomenti, generi e stili.

Includi un mix di scatti ravvicinati, composizioni grandangolari, scatti d'azione, ritratti, ritratti ambientali e momenti sinceri per mostrare la tua gamma e adattabilità.

Evidenzia il tuo stile unico:

Metti in risalto il tuo stile unico e la tua visione artistica come fotoreporter. Mostra il tuo approccio distintivo alla composizione, all'illuminazione, all'inquadratura e alla narrazione che ti distingue dagli altri sul campo.

Usa il tuo portfolio come un'opportunità per mostrare la tua voce creativa e la tua prospettiva personale sul mondo.

Presta attenzione alla presentazione:

Presta attenzione alla presentazione del tuo portfolio, sia online che cartacea. Scegli un layout pulito e professionale che metta l'accento sulle tue immagini e riduca al minimo le distrazioni.

Utilizza materiali di stampa e finiture di alta qualità se crei un portfolio fisico. Se mostri il tuo lavoro online, scegli un design del sito web pulito e facile da usare che permetta alle tue immagini di brillare.

Aggiorna regolarmente:

Mantieni il tuo portfolio fresco e aggiornato aggiornandolo regolarmente con nuovi lavori e rimuovendo immagini più vecchie o meno rilevanti. Cerca di aggiornare il tuo portfolio almeno una volta all'anno per riflettere la tua crescita ed evoluzione come fotografo.

Approfitta di nuove opportunità, incarichi e progetti per aggiungere nuovi contenuti al tuo portfolio e mantenerli pertinenti ai tuoi obiettivi e interessi attuali.

Sollecita feedback:

Chiedi feedback a colleghi, mentori o professionisti del settore per ottenere una prospettiva esterna sul tuo portafoglio. Chiedi critiche costruttive e suggerimenti di miglioramento per affinare il tuo portafoglio e renderlo più forte.

Sii aperto a feedback costruttivi e disposto ad apportare revisioni al tuo portfolio in base alle informazioni che ricevi.

Seguendo questi passaggi e investendo tempo e fatica nella creazione di un portfolio avvincente, puoi mostrare in modo efficace le tue capacità, creare credibilità e attirare l'attenzione di potenziali clienti, datori di lavoro o collaboratori nel campo competitivo del fotogiornalismo.

Il Networking e le opportunità di lavoro

Networking e opportunità di lavoro sono aspetti cruciali per far avanzare la tua carriera come fotoreporter. Il networking implica la costruzione e il mantenimento di rapporti professionali con colleghi, mentori, professionisti del settore e potenziali clienti o datori di lavoro. Creando una rete attiva, puoi espandere le tue connessioni, scoprire nuove opportunità e accedere a risorse e supporto preziosi nel campo del fotogiornalismo. Ecco come sfruttare il networking per opportunità di lavoro:

Partecipa agli eventi del settore:

Partecipa a eventi del settore, come conferenze, workshop, seminari e incontri di networking, dove puoi incontrare e connetterti con altri fotoreporter, redattori, editori e altri professionisti del settore.

Approfitta delle opportunità per partecipare a tavole rotonde, revisioni del portfolio e sessioni di networking per mostrare il tuo lavoro, scambiare idee e creare connessioni significative.

Unisciti a organizzazioni professionali:

Unisciti a organizzazioni professionali e associazioni di fotoreporter, come la National Press Photographers Association (NPPA), World Press Photo o club e associazioni di stampa locali.

L'appartenenza a organizzazioni professionali fornisce l'accesso a eventi di networking, risorse formative, bacheche di lavoro e opportunità di tutoraggio, aiutandoti a rimanere in contatto con i colleghi e a rimanere informato sulle tendenze e sugli sviluppi del settore.

Costruisci una presenza online:

Crea una presenza online professionale attraverso piattaforme di social media, siti di networking professionale come LinkedIn e il tuo sito web o portfolio.

Condividi regolarmente il tuo lavoro, le tue intuizioni e le tue esperienze sui social media per interagire con il tuo pubblico, mostrare le tue competenze e attirare potenziali clienti o collaboratori.

Partecipa a comunità online, forum e gruppi legati al fotogiornalismo per entrare in contatto con persone che la pensano allo stesso modo, scambiare idee e scoprire nuove opportunità.

Contatta i contatti del settore:

Rivolgiti ai contatti del settore, inclusi redattori, redattori di foto, editori e altri professionisti che ammiri o con cui aspiri a lavorare.

Presentati, esprimi il tuo interesse a collaborare o contribuire ai loro progetti e condividi esempi del tuo lavoro o portfolio per dimostrare le tue capacità e l'idoneità a potenziali opportunità.

Prosegui con note di ringraziamento o e-mail personalizzate per mantenere e rafforzare le tue connessioni nel tempo.

Cerca tutoraggio e guida:

Cerca tutoraggio e guida da fotoreporter esperti o veterani del settore che possano offrire preziosi spunti, consigli e supporto durante la tua carriera.

Raggiungi potenziali mentori attraverso reti professionali, eventi di settore o connessioni reciproche ed esprimi il tuo interesse ad apprendere dalle loro competenze ed esperienze.

Sii ricettivo al feedback, alla guida e alle critiche costruttive dei mentori e usa le loro intuizioni per aiutarti a crescere e svilupparti come fotoreporter.

Collabora ai progetti:

Collabora con altri fotoreporter, giornalisti, scrittori e professionisti multimediali su progetti, incarichi o storie creative.

I progetti collaborativi offrono l'opportunità di sfruttare i reciproci punti di forza, condividere risorse ed espandere la propria rete di contatti e collaboratori.

Sii proattivo nella ricerca di opportunità di collaborazione e sii disposto a contribuire con le tue capacità e competenze agli sforzi di collaborazione.

Rimani informato sulle opportunità di lavoro:

Rimani informato su opportunità di lavoro, incarichi freelance e progetti editoriali nel campo del fotogiornalismo attraverso pubblicazioni di settore, bacheche di lavoro e contatti di rete.

Controlla regolarmente gli annunci di lavoro sui siti Web di fotografia, sulle pagine di carriera delle organizzazioni dei media e sulle piattaforme freelance per identificare potenziali opportunità in linea con le tue capacità e i tuoi interessi.

Fai rete con redattori, redattori di foto e responsabili delle assunzioni per informarti su potenziali offerte di lavoro o incarichi freelance ed esprimere il tuo interesse a contribuire alle loro pubblicazioni o progetti.

Creando attivamente reti e costruendo relazioni all'interno della comunità del fotogiornalismo, puoi aumentare la tua visibilità, accedere a nuove opportunità e far avanzare la tua carriera in questo campo competitivo. Ricorda di avvicinarti al networking con autenticità, professionalità e un genuino desiderio di connetterti e collaborare con altri nel settore.

Le posizioni di freelance e di personale

Le posizioni di freelance e di staff rappresentano due distinti accordi di lavoro nel campo del fotogiornalismo, ciascuno dei quali offre vantaggi e considerazioni unici. Ecco una ripartizione di ciascuno:

Libero professionista:

Definizione: i liberi professionisti lavorano in modo indipendente su base contrattuale, spesso assumendo incarichi o progetti a breve termine per più clienti o pubblicazioni.

Descrizione:

Flessibilità: i liberi professionisti godono di una maggiore flessibilità negli orari, nei luoghi di lavoro e nella scelta degli incarichi. Hanno l'autonomia di selezionare progetti in linea con i loro interessi, competenze e disponibilità.

Varietà: i liberi professionisti hanno l'opportunità di lavorare con una vasta gamma di clienti, pubblicazioni e argomenti, consentendo loro di ottenere esposizione a diversi settori, argomenti e stili di fotografia.

Indipendenza: i liberi professionisti hanno un maggiore controllo sul proprio lavoro e sulla direzione creativa. Possono perseguire progetti personali, sviluppare il proprio portfolio ed esplorare nuove opportunità senza i vincoli di un tradizionale rapporto datore di lavoro-dipendente.

Potenziale di reddito: i liberi professionisti hanno il potenziale per guadagnare tariffe più elevate per il loro lavoro, soprattutto se si affermano come esperti nel loro campo o si specializzano in aree di nicchia del fotogiornalismo.

Incertezza: il freelance può essere imprevedibile, con carichi di lavoro, reddito e sicurezza del lavoro fluttuanti. I liberi professionisti devono costantemente cercare nuovi clienti, negoziare contratti e gestire le proprie finanze per sostenere il proprio sostentamento.

Responsabilità: i liberi professionisti sono responsabili della gestione di tutti gli aspetti della propria attività, inclusi marketing, fatturazione, tasse, assicurazioni e autopromozione. Devono inoltre garantire il rispetto delle scadenze, fornire lavoro di alta qualità e mantenere relazioni positive con i clienti per garantire la ripetizione degli affari.

Posizioni del personale:

Definizione: le posizioni del personale implicano un impiego a tempo pieno presso un datore di lavoro specifico, come un'organizzazione di media, un organo di stampa o una pubblicazione.

Descrizione:

Stabilità: le posizioni del personale offrono maggiore stabilità e sicurezza rispetto al freelance. I dipendenti ricevono uno stipendio regolare, benefici e vantaggi occupazionali, oltre alla garanzia di un lavoro continuo e al sostegno da parte del datore di lavoro.

Formazione e sviluppo: i fotografi del personale hanno spesso accesso a programmi di formazione, risorse e opportunità di tutoraggio forniti dal loro datore di lavoro. Possono migliorare le proprie capacità, imparare da colleghi esperti e crescere professionalmente all'interno dell'organizzazione.

Collaborazione: i fotografi dello staff lavorano come parte di un team, collaborando con editori, giornalisti e altri professionisti per produrre contenuti per la loro pubblicazione. Hanno l'opportunità di contribuire a progetti più ampi, indagini e iniziative di narrazione multimediale.

Benefici lavorativi: le posizioni del personale in genere prevedono vantaggi come assicurazione sanitaria, piani pensionistici, ferie retribuite e altri vantaggi. I dipendenti possono anche avere accesso ad attrezzature professionali, risorse e servizi di supporto forniti dal loro datore di lavoro.

Autonomia limitata: i fotografi dipendenti possono avere meno autonomia e controllo creativo sul proprio lavoro rispetto ai liberi professionisti. Possono essere assegnati ritmi, compiti o argomenti specifici da trattare, limitando la loro libertà di perseguire progetti personali o esplorare diverse aree di interesse.

Progressione di carriera: le posizioni del personale offrono opportunità di avanzamento di carriera, comprese promozioni, aumenti salariali e ruoli di leadership all'interno dell'organizzazione. I dipendenti possono costruire rapporti a lungo termine con il proprio datore di lavoro e affermarsi come membri preziosi del team.

In definitiva, la scelta tra freelance e posizioni di staff dipende dalle preferenze, dagli obiettivi e dalle circostanze individuali. Alcuni fotoreporter possono prosperare nella libertà e flessibilità del freelance, mentre altri potrebbero preferire la stabilità e i vantaggi delle posizioni dello staff. Indipendentemente dall'accordo di lavoro, i fotoreporter possono intraprendere carriere significative e gratificanti sfruttando le proprie capacità, passione e impegno nella narrazione visiva.

L'arte e il Mestiere del Fotoreporter

*****

Capitolo 12

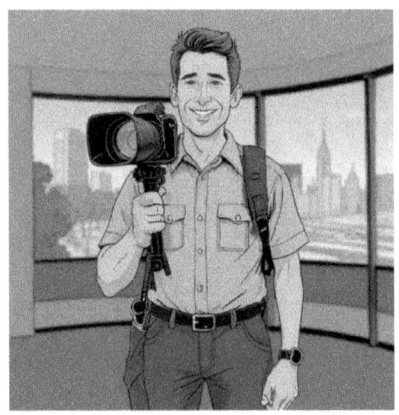

Il futuro del fotogiornalismo

Il futuro del fotogiornalismo si riferisce al panorama in evoluzione del settore, modellato dai progressi tecnologici, dal cambiamento delle abitudini di consumo dei media e dai cambiamenti sociali. Comprende tendenze, sfide e opportunità emergenti che influenzeranno la pratica, l'etica e l'impatto del fotogiornalismo negli anni a venire.

Trasformazione digitale:

Giornalismo mobile: con la proliferazione di smartphone dotati di fotocamere di alta qualità, il giornalismo partecipativo e il giornalismo mobile sono in aumento. I fotoreporter devono adattarsi alla produzione di contenuti ottimizzati per le piattaforme digitali e i social media.

Realtà virtuale (VR) e realtà aumentata (AR): le tecnologie immersive offrono nuove possibilità per la narrazione, consentendo al pubblico di vivere eventi e ambienti in modo più interattivo e coinvolgente. I fotoreporter possono esplorare VR e AR come strumenti per creare narrazioni visive di grande impatto.

Fotografia con droni: i droni forniscono prospettive aeree e accesso a luoghi che in precedenza erano difficili o impossibili da catturare. L'integrazione della fotografia con droni nel fotogiornalismo apre nuove possibilità per documen-tare eventi, paesaggi e questioni sociali da punti di vista unici.

Sfide etiche e di fiducia:

Disinformazione e manipolazione: in un'era di notizie false e manipolazione digitale, mantenere la fiducia e la credibilità è fondamentale per i fotoreporter. È necessario rispettare linee guida e standard etici per combattere la disinformazione e garantire l'integrità della narrazione visiva.

Deepfake e intelligenza artificiale: i progressi nella tecnologia dell'intelligenza artificiale (AI) sollevano preoccupazioni sul potenziale dei deepfake e di altre forme di manipolazione delle immagini per ingannare il pubblico. I fotoreporter devono essere vigili nel verificare l'autenticità delle immagini e nel combattere le falsificazioni digitali.

Privacy e consenso: man mano che le tecnologie di sorveglianza diventano sempre più diffuse, i fotoreporter devono affrontare i dilemmi etici che circondano i diritti alla privacy e il consenso quando documentano eventi pubblici o spazi privati.

Diversità e rappresentanza:

Storytelling inclusivo: c'è una crescente domanda di rappresentazione diversificata e inclusiva nel fotogiornalismo, con un'enfasi sull'amplificazione delle voci delle comunità emarginate e delle prospettive sottorappresentate.

Decolonizzare le narrazioni visive: i fotoreporter sono chiamati a sfidare le narrazioni e gli stereotipi coloniali dando priorità alle prospettive indigene, decolonizzando la narrativa visiva e centrando le voci delle comunità colpite da ingiustizie storiche.

Sostenibilità e consapevolezza ambientale:

Copertura della crisi climatica: l'urgenza della crisi climatica richiede che i fotoreporter ne documentino gli impatti su comunità, ecosistemi e biodiversità. La narrazione visiva gioca un ruolo cruciale nel sensibilizzare, ispirare l'azione e ritenere i governi e le aziende responsabili della gestione ambientale.

Pratiche ecologiche: i fotoreporter possono adottare pratiche ecocompatibili, come ridurre al minimo le emissioni legate ai viaggi, ridurre i rifiuti e utilizzare materiali sostenibili nella produzione, per mitigare la propria impronta ambientale.

Collaborazione e innovazione:

Collaborazione interdisciplinare: la collaborazione con giornalisti, registi, data scientist e attivisti consente ai fotoreporter di raccontare storie più complete e di impatto che sfruttano prospettive e competenze diverse.

Sperimentazione con nuovi formati: abbracciare formati sperimentali come documentari interattivi, installazioni multimediali ed esperienze coinvolgenti consente ai fotore-porter di coinvolgere il pubblico in modi innovativi e ampliare i confini della narrazione visiva.

Adattamento professionale e resilienza:

Diversificazione delle competenze: i fotoreporter devono adattarsi alle mutevoli richieste del mercato diversificando le proprie competenze ed esplorando nuovi flussi di entrate, come la fotografia commerciale, l'insegnamento, i workshop o gli incarichi freelance.

Adattabilità alle piattaforme emergenti: restare al passo con le piattaforme, le tendenze e le tecnologie emergenti nel consumo dei media consente ai fotoreporter di raggiungere un pubblico più ampio e rimanere rilevanti in un panorama digitale in rapida evoluzione.

Conclusione: il futuro del fotogiornalismo riserva sia sfide che opportunità per i professionisti che si muovono in un panorama mediatico in rapida evoluzione. Abbracciando le innovazioni tecnologiche, sostenendo gli standard etici, amplificando voci diverse e promuovendo la collaborazione e l'innovazione, i fotoreporter possono continuare a svolgere un ruolo vitale nell'informare, ispirare e coinvolgere il pubblico con potenti narrazioni visive che modellano la nostra comprensione del mondo.

Tecnologie emergenti nel fotogiornalismo

Le tecnologie emergenti modellano continuamente il panorama del fotogiornalismo, offrendo nuovi strumenti, tecniche e opportunità ai fotografi per catturare e trasmettere storie in modi innovativi. Ecco alcune tecnologie emergenti chiave nel fotogiornalismo:

Droni:

I droni, noti anche come veicoli aerei senza pilota (UAV), hanno rivoluzionato la fotografia aerea, consentendo ai fotoreporter di catturare prospettive uniche e vedute aeree di eventi, paesaggi e notizie.

I droni dotati di telecamere ad alta risoluzione e gimbal stabilizzati possono catturare immagini aeree e riprese video straordinarie, fornendo contesto prezioso e informazioni visive per integrare i tradizionali reportage a terra.

I droni sono stati utilizzati nel fotogiornalismo per coprire disastri naturali, questioni ambientali, proteste ed eventi sportivi, offrendo viste dall'alto e scatti panoramici che prima erano inaccessibili o dai costi proibitivi.

Fotocamere a 360 gradi:

Le fotocamere a 360 gradi consentono una narrazione coinvolgente catturando immagini e video panoramici che consentono agli spettatori di esplorare e interagire con la scena da più prospettive.

I fotoreporter utilizzano fotocamere a 360 gradi per creare esperienze coinvolgenti che trasportano gli spettatori nel cuore della storia, che si tratti di una protesta, di un evento culturale o di un luogo remoto.

Piattaforme come la realtà virtuale (VR) e la realtà aumentata (AR) possono sfruttare contenuti a 360 gradi per creare documentari coinvolgenti, mostre interattive e tour virtuali che coinvolgono il pubblico in modi nuovi e avvincenti.

Giornalismo mobile (MoJo):

La proliferazione di smartphone con funzionalità fotografiche avanzate ha democratizzato il fotogiornalismo, consentendo sia ai giornalisti cittadini che ai professionisti di acquisire, modificare e condividere contenuti di notizie in movimento.

Il giornalismo mobile, o MoJo, prevede l'utilizzo di smartphone e app mobili per produrre storie multimediali, live streaming e aggiornamenti sui social media in tempo reale.

Gli strumenti e gli accessori per il giornalismo mobile, come obiettivi esterni, stabilizzatori e microfoni, migliorano la qualità e la versatilità della fotografia e della videografia su smartphone, consentendo ai giornalisti di acquisire contenuti di qualità professionale con un'attrezzatura minima.

Intelligenza artificiale (AI):

Le tecnologie di intelligenza artificiale, inclusi algoritmi di apprendimento automatico e sistemi di visione artificiale, vengono utilizzate per assistere i fotoreporter in vari aspetti del loro lavoro, dal riconoscimento e organizzazione delle immagini all'editing e al miglioramento automatizzati.

Gli strumenti basati sull'intelligenza artificiale possono analizzare grandi volumi di immagini, identificare elementi chiave, rilevare modelli e classificare i contenuti, aiutando i fotoreporter a semplificare il flusso di lavoro, a trovare risorse visive rilevanti e a scoprire informazioni nascoste.

Gli algoritmi AI possono essere utilizzati anche per migliorare le attività di fotoritocco, come la correzione del colore, la stabilizzazione dell'immagine, la riduzione del rumore e la rimozione degli oggetti, risparmiando tempo e fatica ai fotoreporter durante la post-elaborazione.

Fotocamere indossabili:

Le fotocamere indossabili, come quelle indossate sul corpo e quelle montate sulla testa, forniscono ai fotoreporter funzionalità di registrazione a mani libere, consentendo loro di catturare prospettive coinvolgenti e in prima persona di eventi ed esperienze.

Le fotocamere indossabili vengono utilizzate nel fotogiornalismo per documentare le ultime notizie, i reportage investigativi e la narrazione di documentari dal punto di vista del fotografo, offrendo una narrazione visiva unica e intima.

Tecnologia Blockchain:

La tecnologia Blockchain offre sistemi decentralizzati e a prova di manomissione per verificare l'autenticità, la proprietà e la licenza dei contenuti digitali, comprese le fotografie.

Le piattaforme e i mercati basati su blockchain consentono ai fotoreporter di archiviare, condividere e concedere in licenza in modo sicuro il proprio lavoro garantendo trasparenza, tracciabilità e un giusto compenso per i loro contributi creativi.

Sfruttando la tecnologia blockchain, i fotoreporter possono proteggere i propri diritti di proprietà intellettuale, impedire l'uso o la distribuzione non autorizzata delle proprie immagini e stabilire fiducia e responsabilità nel mercato digitale.

Queste tecnologie emergenti stanno trasformando la pratica del fotogiornalismo, fornendo nuovi strumenti, piattaforme e opportunità ai fotografi per documentare il mondo, raccontare storie avvincenti e coinvolgere il pubblico in modi significativi. Poiché la tecnologia continua ad evolversi, i fotoreporter devono adattarsi e abbracciare queste innovazioni per rimanere rilevanti ed efficaci in un panorama mediatico in continua evoluzione.

Navigare nel panorama dei media in evoluzione

Navigare nel panorama dei media in continua evoluzione è essenziale affinché i fotoreporter possano adattarsi alle tendenze, alle tecnologie e ai comportamenti del pubblico in evoluzione, pur rimanendo pertinenti ed efficaci nel loro campo. Ecco come i fotoreporter possono orientarsi nel panorama dei media in continua evoluzione:

Abbraccia le piattaforme digitali:

Con l'aumento del consumo dei media digitali, i fotoreporter devono abbracciare piattaforme online, social media e canali di distribuzione digitale per raggiungere e coinvolgere il pubblico in modo efficace.

Utilizza piattaforme di social media come Instagram, Twitter e Facebook per condividere il tuo lavoro, connetterti con i follower e partecipare a conversazioni su notizie ed eventi attuali.

Esplora piattaforme e formati emergenti come TikTok, Snapchat e Clubhouse per sperimentare nuovi modi di raccontare storie e interagire con i dati demografici più giovani.

Adattarsi al consumo mobile:

Poiché un pubblico sempre più vasto fruisce di notizie e contenuti sui dispositivi mobili, i fotoreporter dovrebbero ottimizzare il proprio lavoro per la visualizzazione e il coinvolgimento sui dispositivi mobili.

Assicurati che le tue immagini siano ottimizzate per gli schermi dei dispositivi mobili, si carichino rapidamente e siano facilmente condivisibili su diverse piattaforme di social media e app di messaggistica.

Prendi in considerazione la creazione di contenuti multimediali, come saggi fotografici, video e funzionalità interattive, ottimizzati per la fruizione mobile e che offrano un'esperienza utente fluida.

Sviluppare competenze multimediali:

Nell'era digitale, ci si aspetta che i fotoreporter siano narratori multimediali versatili, in grado di produrre un'ampia gamma di contenuti oltre alla fotografia.

Sviluppa competenze nella produzione video, registrazione audio, editing e narrazione per creare storie multimediali avvincenti che risuonino con un pubblico diversificato.

Sperimenta nuovi formati, tecniche e strumenti, come telecamere a 360 gradi, droni e realtà virtuale, per ampliare i confini della narrazione visiva e coinvolgere gli spettatori in esperienze coinvolgenti.

Costruisci il tuo marchio online:

In un panorama mediatico affollato, costruire un forte marchio personale è essenziale affinché i fotoreporter possano distinguersi e attrarre opportunità.

Crea un sito Web o un portfolio professionale che mostri il tuo lavoro, il tuo background e le tue competenze migliori.

Utilizza i social media per condividere approfondimenti, scorci dietro le quinte e storie personali che umanizzano il tuo marchio e connettiti con il tuo pubblico.

Interagisci con i follower, rispondi a commenti e messaggi e partecipa attivamente alle community online per costruire relazioni, credibilità e fiducia con il tuo pubblico.

Collabora e fai rete:

La collaborazione e il networking sono strategie chiave per navigare nel panorama dei media in evoluzione e accedere a nuove opportunità.

Collabora con altri fotoreporter, giornalisti, scrittori e professionisti multimediali su progetti, incarichi e iniziative creative che sfruttano i reciproci punti di forza e la portata.

Fai rete con redattori, editori e professionisti del settore attraverso eventi di settore, conferenze e piattaforme online per rimanere connesso, informato e visibile all'interno della comunità del fotogiornalismo.

Adattarsi ai nuovi modelli di business:

I modelli di business dei media tradizionali si stanno evolvendo in risposta ai cambiamenti nel comportamento e nella tecnologia dei consumatori. I fotoreporter devono adattarsi a nuovi flussi di entrate, modelli di finanziamento e canali di distribuzione per sostenere la loro carriera.

Esplora fonti di entrate alternative come il crowdfunding, modelli basati su abbonamento, licenze, vendita di merchandise e partnership con contenuti sponsorizzati per monetizzare il tuo lavoro e diversificare i tuoi flussi di reddito.

Tieniti informato sui cambiamenti nelle leggi sul copyright, sugli accordi di licenza e sui diritti di proprietà intellettuale per proteggere il tuo lavoro e garantire un giusto compenso per i tuoi contributi creativi.

Rimani informato e adattabile:

Il panorama dei media è in continua evoluzione, guidato dai progressi tecnologici, dai cambiamenti nelle preferenze del pubblico e dai cambiamenti nelle pratiche del settore. I fotoreporter devono rimanere informati sulle tendenze emergenti, sugli sviluppi e sulle migliori pratiche per rimanere adattabili e pertinenti.

Cercare continuamente opportunità di apprendimento, sviluppo professionale e miglioramento delle competenze per rimanere al passo con i tempi e adattarsi alle mutevoli esigenze del settore dei media.

Sii aperto alla sperimentazione, al feedback e all'iterazione nel tuo lavoro e sii disposto ad adattare le tue strategie, tecniche e approcci in base all'evoluzione delle esigenze del pubblico e alle dinamiche del mercato.

Abbracciando le piattaforme digitali, sviluppando competenze multimediali, costruendo un forte marchio personale, collaborando con gli altri, adattandosi a nuovi modelli di business e rimanendo informati e adattabili, i fotoreporter possono navigare con successo nel panorama dei media in evoluzione e prosperare in un ambiente sempre più competitivo e dinamico.

Rimanere pertinenti e innovativi

Rimanere rilevanti e innovativi è essenziale per i fotoreporter per mantenere il proprio vantaggio in un settore in rapida evoluzione. Ecco come rimanere pertinenti e innovativi:

Apprendimento continuo:

Abbraccia una mentalità di crescita e impegnati nell'apprendimento permanente. Rimani aggiornato sulle ultime tendenze, tecniche e tecnologie nel campo della fotografia e del giornalismo attraverso workshop, corsi, seminari e pubblicazioni di settore.

Investi tempo nell'acquisizione di nuove competenze, che si tratti di padroneggiare una nuova tecnica fotografica, apprendere software di editing video o esplorare formati di narrazione emergenti come la realtà virtuale (VR) o la realtà aumentata (AR).

Sperimentazione:

Non aver paura di sperimentare stili, tecniche e approcci diversi alla fotografia e alla narrazione. Assumi rischi creativi, allarga i confini della tua zona di comfort ed esplora nuovi modi di vedere e catturare il mondo.

Sperimenta diversi generi fotografici, come la fotografia di ritratto, la fotografia documentaria o la fotografia di strada, per espandere il tuo repertorio creativo e trovare la tua voce unica come fotografo.

Abbraccia la tecnologia:

Abbraccia nuove tecnologie e strumenti che possono migliorare le tue capacità fotografiche e narrative. Rimani aggiornato sulle ultime attrezzature fotografiche, software di editing e piattaforme digitali e sfruttali a tuo vantaggio.

Esplora le tecnologie emergenti come i droni, le fotocamere a 360 gradi e l'intelligenza artificiale (AI) per ampliare i confini della narrazione visiva e catturare prospettive ed esperienze uniche.

Rimani informato:

Rimani informato sugli eventi attuali, sulle questioni sociali e sulle tendenze culturali che modellano il mondo intorno a te. Sviluppa una profonda comprensione dei soggetti che fotografi e delle storie che racconti e cerca di apportare sfumature, profondità e contesto al tuo lavoro.

Segui fonti di notizie affidabili, leggi libri, guarda documentari e partecipa a conversazioni con esperti e membri della community per ottenere approfondimenti e prospettive che informano la tua narrazione.

Costruisci relazioni:

Costruisci relazioni significative con redattori, editori, colleghi fotografi e professionisti del settore. Fai rete attivamente, partecipa a eventi di settore e collabora con altri per espandere le tue opportunità e la tua portata.

Coltiva una forte rete professionale che supporti e difenda il tuo lavoro e sii generoso nel sostenere e promuovere in cambio il lavoro degli altri.

Adattarsi al cambiamento:

Abbraccia il cambiamento e adattati alle mutevoli tendenze, tecnologie e preferenze del pubblico. Sii aperto al feedback, alle critiche e alle critiche costruttive e usale come un'opportunità di crescita e miglioramento.

Rimani flessibile e agile nel tuo approccio e sii disposto a ruotare e adattare le tue strategie e tattiche secondo necessità per rimanere pertinenti ed efficaci in un settore dinamico e in evoluzione.

Racconta storie avvincenti:

In definitiva, rimanere rilevanti e innovativi nel fotogiornalismo significa raccontare storie avvincenti che risuonino con il pubblico a un livello profondo ed emotivo. Concentrati sulla cattura di momenti autentici, esperienze umane e questioni sociali che contano e usa la tua fotografia per far luce sul mondo che ti circonda.

Sforzati di raccontare storie originali, stimolanti e di grande impatto e trova nuovi modi per coinvolgere e ispirare il tuo pubblico attraverso il tuo lavoro.

Abbracciando l'apprendimento continuo, la sperimentazione, la tecnologia, rimanendo informati, costruendo relazioni, adattandosi al cambiamento e raccontando storie avvincenti, i fotoreporter possono rimanere rilevanti e innovativi in un settore in continua evoluzione e avere un impatto significativo con il loro lavoro.

Il fotogiornalismo è un genere giornalistico che utilizza la fotografia per raccontare storie.

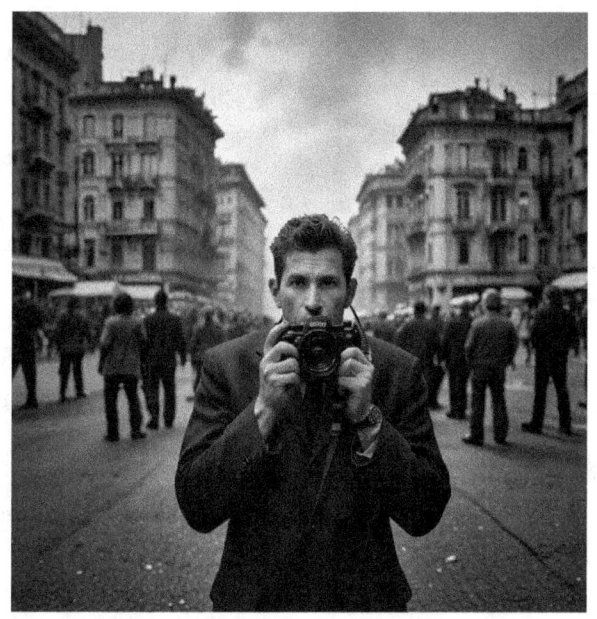

"I fotoreporter non catturano solo momenti; catturano anime, spiriti e storie."

Caro lettore,
Mentre giri le pagine di *"L'arte e il Mestiere del Fotoreporter"*, desidero estendere la mia sincera gratitudine per il tuo interesse e la tua dedizione all'arte e al mestiere del fotogiornalismo. Questo libro è più di una semplice guida; è un viaggio attraverso il mondo in cui si catturano momenti che definiscono i nostri tempi, raccontano storie avvincenti e fanno luce su verità che devono essere viste.

Il fotogiornalismo è un campo che combina abilità tecnica, visione artistica e un profondo impegno per la verità. Richiede non solo l'occhio per uno scatto eccezionale, ma anche il coraggio di testimoniare e documentare gli eventi mentre si svolgono, spesso in condizioni difficili e talvolta pericolose. Si tratta di qualcosa di più che scattare foto; si tratta di raccontare storie che contano, storie che hanno il potere di informare, ispirare e incitare al cambiamento.

In questo libro ho cercato di fornirti gli strumenti e gli approfondimenti necessari per affrontare questa professione dinamica ed esigente. Dalla padronanza dell'attrezzatura fotografica alla comprensione dei principi dell'esposizione e della composizione, fino alla costruzione di una narrazione visiva avvincente e al mantenimento di standard etici, ogni capitolo è progettato per fornirti le conoscenze e le competenze necessarie per eccellere sul campo.

Ma al di là degli aspetti tecnici e pratici, spero che questo libro trasmetta anche la passione e lo scopo che guidano i fotoreporter. Il potere di una singola immagine di suscitare emozioni, stimolare la riflessione e influenzare l'opinione pubblica è immenso. Come fotoreporter, abbiamo il privilegio e la responsabilità unici di catturare e condividere l'esperienza umana in tutte le sue sfaccettature: i trionfi, le tragedie, il banale e lo straordinario.

L'arte e il Mestiere del Fotoreporter

In un'era in cui il panorama dei media è in rapida evoluzione, rimanere rilevanti e innovativi è fondamentale. Abbraccia le nuove tecnologie, sperimenta diverse tecniche di narrazione e affina continuamente la tua arte. Ma nonostante tutti i cambiamenti, rimani saldo nel tuo impegno per l'autenticità, l'integrità e il giornalismo etico. Il tuo lavoro non riflette solo la tua visione artistica ma anche i tuoi valori e principi.

Ti incoraggio a utilizzare questo libro come punto di partenza, una base su cui costruire il tuo percorso nel fotogiornalismo. Partecipa agli esercizi, rifletti sui casi di studio e applica le intuizioni al tuo lavoro. Lascia che ti ispiri a superare i confini della tua creatività e a perseguire storie che risuonino profondamente con te e il tuo pubblico.

Ricorda, ogni fotografia che scatti è un pezzo di storia, una testimonianza della tua prospettiva e del tuo momento nel tempo. Mentre esci nel mondo con la tua macchina fotografica, sappi che stai contribuendo a una narrazione più ampia, che ha il potenziale per modellare la nostra comprensione e memoria collettiva.

Grazie per aver scelto di esplorare questo incredibile campo attraverso *"L'arte e il Mestiere del Fotoreporter"* La tua passione, curiosità e dedizione sono le forze trainanti che mantengono vivo lo spirito del fotogiornalismo. Sono onorato di far parte del tuo viaggio e non vedo l'ora di vedere le storie che racconterai e l'impatto che avrai.

Con gratitudine e i migliori auguri,

Il lavoro di Dorothea Lange sulla Grande Depressione: Lange ha documentato la povertà e la sofferenza delle persone che vivevano negli Stati Uniti durante la Grande Depressione.

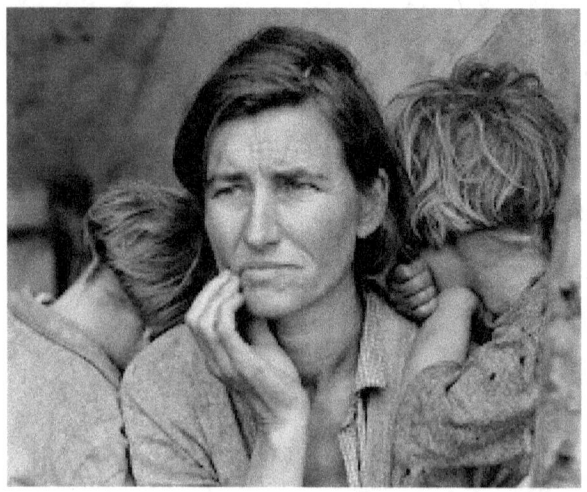

Fotografia documentaria di Dorothea Lange sulla Grande Depressione

AUTORE IN PRIMO PIANO

Nel mondo della letteratura ci sono gli autori, e poi c'è Johnny Fasano, un faro di ispirazione e guida sia per gli impegni professionali che per le passioni personali. Con un talento nel tessere parole che risuonano profondamente con i lettori, Johnny è diventata un'autorità fidata nel guidare le persone attraverso i regni del lavoro, degli hobby, del collezionismo e della narrazione.

Il viaggio di Johnny nel regno della scrittura è iniziato con la sua passione per l'empowerment delle persone nella loro vita professionale. Le sue acclamate guide sullo sviluppo della carriera, sulla produttività e sulla leadership sono diventate risorse indispensabili per i professionisti che si muovono nel panorama in continua evoluzione della loro carriera. Con i suoi consigli penetranti, suggerimenti pratici e approfondimenti potenzianti, Johnny ha aiutato innumerevoli persone a sbloccare il loro pieno potenziale, a raggiungere i loro obiettivi di carriera e a prosperare nei campi prescelti.

Nelle sue guide su hobby e collezioni, Johnny invita i lettori a esplorare nuovi interessi, coltivare la propria creatività e arricchire la propria vita con attività significative che si tratti di, pittura o collezionismo, i libri di Johnny offrono consigli pratici, ispirazione creativa e suggerimenti di esperti per aiutare i lettori a intraprendere i propri viaggi di esplorazione e scoperta di sé. Con Johnny come guida, i lettori possono scoprire talenti nascosti, assecondare le proprie passioni e creare una vita piena di gioia, soddisfazione e crescita personale.

Quindi, che tu stia cercando una guida nella tua vita professionale, desideri esplorare nuovi hobby e interessi o semplicemente abbia bisogno di una storia accattivante che ti porti via, Johnny Fasano è l'autore a cui puoi rivolgerti per ispirazione, guida e infinite possibilità.

Il lavoro di Sebastião Salgado sulla migrazione umana: Salgado ha documentato la migrazione di persone in tutto il mondo a causa di guerre, conflitti e cambiamenti

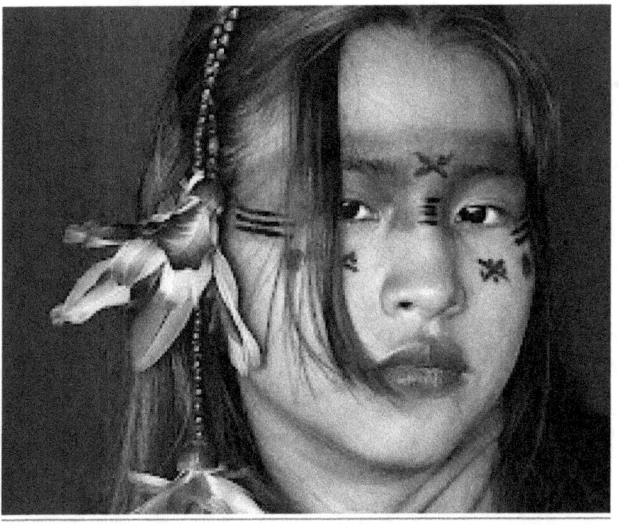

Fotografia documentaria di Sebastião Salgado sulla migrazione umana

L'arte e il Mestiere del Fotoreporter

L'arte e il Mestiere del Fotoreporter

L'arte e il Mestiere del Fotoreporter

www.ingramcontent.com/pod-product-compliance
Lightning Source LLC
Chambersburg PA
CBHW071208240526
45470CB00018B/1598